L'INCONSCIO IN MOVIMENTO
TRA EMOZIONE E DESIDERIO

linguaggio del corpo, espressione di bisogni profondi

Antonia Merico

"Rendi cosciente l'inconscio, altrimenti sarà l'inconscio a guidare la tua vita e tu lo chiamerai destino".

[Carl Gustav Jung]

Al mio grande amore:
alla mia mamma, sempre........ e per sempre e per
mille vite ancora!

INDICE

PRESENTAZIONE

I comportamenti umani sono frutto d'innumerevoli esperienze che viviamo già dai primi istanti di vita.

Ogni singolo atteggiamento dei genitori verso i propri figli risulta di fondamentale importanza per la crescita psicologica del bambino.

Atteggiamenti non corretti o che non soddisfino in pieno i bisogni primari del bambino possono, infatti, comportare distonie insanabili.

Purtroppo genitori non si nasce , ma, in alcuni casi, non si riesce neppure a diventare.

A tal fine, l'opera di Antonia Merico offre un valido supporto per riconoscere le distonie e trovare una soluzione ai fallimenti genitoriali.

Attraverso l'analisi della parte inconscia di ciascuno di noi, l'Autrice mette in luce l'importanza del linguaggio non verbale mediante il quale l'individuo comunica le proprie esigenze, i turbamenti, i rifiuti.

Compito dell'Analogista, quindi, è quello di decodificare tale linguaggio al fine di condurre la persona a conoscersi intimamente, a superare blocchi interiori e i condizionamenti che lo hanno reso debole di fronte a i disagi.

Di notevole interesse è l'ultima parte dell'opera in cui l'Autrice, avendo affrontato un'esperienza personale dolorosa, mette in rilievo il rapporto stress-malattie, mediante il quale l'impossibilità di gestire le proprie emozioni danneggia, fino a indebolire, i meccanismi di difesa del nostro corpo.

La malattia, insomma, è "un'alterazione dell'equilibrio e della comunicazione fra il sistema nervoso, endocrino e immunitario".

Il lavoro dell'Autrice, pertanto, può offrire un ausilio ai genitori che vogliono apprendere gli atteggiamenti giusti da adottare nei confronti dei figli per non farne degli sconfitti;

ai giovani che vogliono intraprendere la propria strada relazionale e professionale;

agli operatori del settore: psicologi, psicoterapeuti, analisti che intendono far tesoro delle esperienze lavorative dell'Autrice;

ai docenti che, ogni giorno, hanno di fronte giovani i quali, mediante il linguaggio del corpo, cioè non verbale, comunicano insofferenze, carenze affettive, blocchi interiori.

Infine si consiglia la lettura a tutti coloro che vogliono approfondire la complessità della psicologia umana; l'opera ci aiuterà, dunque, a comprendere in pieno l'Essere Uomo/Donna, trovando una risposta a quei conflitti interiori che spesso ci accompagnano nella vita e forse ad essere migliori nel rapporto con gli altri.

Maria Emanuella Romita

PREFAZIONE

Questo scritto nasce come un tentativo di incuriosire i lettori verso un patrimonio di scoperte che contribuiscono al benessere dell'individuo: Le discipline Analogiche.

Un modo del tutto originale di percepire l'io e il mondo circostante, un'opportunità di guardare con occhi diversi ciò che accade nella vita quotidiana di ognuno di noi.

Le discipline Analogiche sono frutto di cinquant'anni di studio di Stefano Benemeglio psicologo e ipnologo romano nato a Roma il 26 settembre 1945.

È autore di studi sul comportamento umano a partire dagli anni 60. Nel decennio tra il 68 il 78 studia i meccanismi dell'ipnosi sotto il profilo del comportamento emotivo, definisce un modello pragmatico e operativo dell'ipnosi dinamica e codifica un proprio linguaggio di comunicazione analogica non verbale.
Partito dall'ipnosi, si dedica in seguito alla ricerca psicologica per affrontare da una diversa e rivoluzionaria angolatura le problematiche legate alla comunicazione ed negli anni 80 arriva a definire i fondamenti della psicologia analogica.

L'universo dell'inconscio è svelato attraverso il linguaggio non verbale, con i suoi meccanismi di difesa e di sogno.

Le discipline Analogiche agevolano e potenziano l'autorealizzazione professionale, affettivo-sentimentale, passionale-sessuale.

Le pagine che seguono sono un primo approccio verso una migliore gestione del vissuto quotidiano.

Aver trovato la strada per far "parlare" direttamente la nostra parte emotiva attraverso la comunicazione non verbale è una scoperta incredibile dei nostri tempi, ciò permette in tempi brevi, attraverso la relazione d'aiuto, di risolvere disagi esistenziali, eliminando tensioni e paure che bloccano l'uomo nel raggiungere la propria serenità.

CHI E' L'ANALOGISTA

L'Analogista è un professionista d'aiuto che si avvale di una vasta conoscenza nelle discipline analogiche frutto delle scoperte di Stefano Benemeglio, cioè delle leggi e delle regole che governano i linguaggi emotivi e le dinamiche sistemiche dell'uomo.

L'Analogista, attraverso lo studio dell'Ipnosi Dinamica, della Comunicazione Analogica Non Verbale e della Filosofia Analogica, trasferisce strumenti e tecniche in grado di promuovere un rivoluzionario quanto salutare stile di vita orientato a un benessere profondo e duraturo, mediante l'attivazione di un Sistema Emozionale per la gestione equilibrata del rapporto tra pensiero razionale ed emotività.

La precisa decodifica del linguaggio non verbale attraverso il quale l'istanza emotiva dell'individuo comunica ogni giorno sotto i nostri occhi esigenze profonde, rifiuti, gradimenti, turbamenti e blocchi emozionali è la modalità grazie alla quale l'Analogista può condurre la persona a conoscersi come mai prima d'ora, aggirando i condizionamenti e le barriere logiche, ed individuando punti deboli e punti di forza spesso misconosciuti ed in grado di sbloccare disagi, situazioni ripetitive, difficoltà relazionali e comunicative.

"SIAMO TUTTI BIPOLARI"

Prima di addentrarci nel vivo della filosofia analogica è bene capire che tutti noi siamo esseri "bipolari", nel senso che esiste una mente inconscia e una mente razionale; queste due menti, insite nell'uomo, hanno una diversa intelligenza.

La mente razionale è alla ricerca del piacere, sempre in cerca della causa-effetto degli avvenimenti, caratterizzata dal pensiero riflessivo sceglie tra ciò che è bene e ciò che è male, considera in un problema molte variabili e fa delle scelte in base alla cultura di appartenenza, intendo in base all'educazione, all'etica, alla morale. La mente razionale sembra apparentemente libera di scegliere, si illude di possedere il libero arbitrio.

Si mette in discussione, cerca di migliorarsi per sentirsi abile, è curiosa, tende a imparare nuove esperienze, virtualmente è il nostro ponte verso il futuro.

L'inconscio vive di emozioni, è sicuramente intelligente, ha in memoria un'infinità di dati e di eventi. E' capace di ricordare l'attimo in cui è successo un evento.

E' addirittura capace di ricordare anche la sua esperienza nel grembo materno. E' come possedere un'enorme banca dati, capace, se messa nelle migliori condizioni di benessere e qualità di vita, di possedere tutte le soluzioni per ogni dubbio che viviamo.

La caratteristica principale che lo differenzia dalla mente conscia è che non fa distinzione far un'emozione negativa e una positiva e soprattutto si nutre di emozioni.

Come un bambino, si offende se si sente oltraggiato nella dignità e quelle offese ricevute restano così impresse nella memoria tanto da diventare i pilastri della vita di ognuno, cioè il nostro personalissimo destino.

Per esigenza di nutrimento, l'inconscio per tutta la vita si cercherà quella realtà che gli farà rivivere l'emozione vissuta da bambino, primo perché riconosce subito quell'emozione avendola vissuta e secondo perché si nutre di emozioni.

Quante volte vi è capitato di rivivere la stessa situazione di disagio anche a distanza di anni, con persone diverse essendo cambiati gli attori?

Ciò accade perché l'inconscio a situazioni diverse "mette lo stesso vestito": Se è stato oltraggiato nella dignità di uomo o di maschio, si metterà nelle condizioni di ricevere sempre la stessa offesa.

Allora! il dubbio, a questo punto è: si può parlare d'intelligenza dell'inconscio? Sicuramente sì, bisogna entrare nella visione che esso ha un'intelligenza diversa dalla mente conscia, la sua caratteristica è quella propria di catalogare per analogia gli eventi e li associa in base alle esperienze fatte da bambino.

Se da bambino ha percepito un rifiuto da parte di persone significative, per tutta la vita si andrà a cercare quella emozione.

Siamo portati così a compiere le stesse azioni.

La coazione a ripetere quindi è una delle caratteristiche dell'inconscio.

Anche se nella coazione a ripetere s'intravede un tentativo da parte dell'individuo di riscatto del fallimento precedente.

L'individuo si cerca la stessa situazione penalizzante per mettersi alla prova, chiedendosi: questa volta sarò in grado di superare le difficoltà?

DALLA NASCITA IN POI DIVENTIAMO DISTONICI

Subito dopo il concepimento e durante la vita intrauterina, l'essere umano vive un rapporto di dipendenza con la madre, vive in simbiosi con lei. La mamma lo gratifica costantemente, soddisfa tutti i suoi bisogni vitali di nutrimento; il feto respira attraverso la mamma, si nutre, gioisce e già al quinto mese di gestazione è capace di rispondere agli stimoli esterni, è irrequieto se la mamma è irrequieta, è calmo se lei è calma.

Questo rapporto simbiotico assume ancor più valenza alla nascita. Il neonato subisce l'abbandono di un rapporto simbiotico provocato dal parto e inizia una nuova vita verso l'autonomia.

E' la fase evolutiva più significativa per lo sviluppo armonico della personalità.

Questo periodo è detto psicomotorio e va dai zero ai sette anni.

Che cosa succede una volta fuori dal ventre materno?

L'ambiente esterno deve adeguarsi alle esigenze del neonato e soprattutto la mamma deve continuare a essere fonte di benessere per il bambino. I genitori diventano il microcosmo del neonato.

Sono le persone più significative della vita del neonato e come si intuirà in seguito, saranno loro i veri grandi amori di tutta la vita.

Basta che il neonato pianga per ottenere qualche risposta nell'ambiente esterno. Inizia così uno scambio comunicativo intenso, che sviluppa nel neonato una distonia.

Secondo la risposta che l'ambiente mette in atto si creano neonati distonici dell'essere o dell'avere.

Nella necessità di soddisfare i bisogni primari, si sviluppano il desiderio e l'attesa; cioè il tempo che passa dal momento del bisogno al soddisfacimento dello stesso.

Il neonato ha in sé dei bisogni primari, come ad esempio nutrirsi, quindi egli ha bisogno di una terza persona per soddisfare i suoi bisogni. Quando l'esigenza è maggiore dell'appagamento, cioè il bisogno non è stato soddisfatto al cento per cento, nasce la distonia dell'avere, con determinate caratteristiche comportamentali; tutta la sua vita sarà dettata dal vincolo del possesso. Al contrario, quando il neonato è appagato e l'appagamento è maggiore dell'esigenza, nasce nell'individuo la distonia dell'essere. Anch'egli avrà delle caratteristiche comportamentali, sarà caratterizzato dal vincolo del desiderio, quindi ciò che lo interesserà sarà l'attesa. E' chiaro che Il microcosmo del neonato è dato dai genitori, il rapporto significativo sarà con i genitori. Il neonato giudicherà buono il genitore che appaga le sue esigenze e cattivo il genitore che non soddisfa le sue esigenze. Qui nascono il turbamento base e lo stato di conflitto genitoriale. Il genitore cattivo è considerato rigenerante (rigenera la tensione), mentre il genitore buono è considerato dal neonato appagante (riduce la tensione).

LA PARTITA DEL CUORE

(Inconscio – Mete Razionale = 3 a 0)

Altro elemento fondamentale della filosofia analogica sta proprio nel termine "analogia", il termine ha radici greche ed è costituito dalla componente "ana" che significa "senza", in questo caso "senza parola", ma significa anche "ripetizione" e "somiglianza" che sono proprio le caratteristiche con cui l'inconscio si esprime; difatti egli ad uno stesso stato emotivo associa eventi diversi tra loro.

Identificato l'oggetto del bisogno, l'inconscio andrà alla ricerca di fonti stimolanti, che gli creeranno la stessa tensione dei suoi vissuti, queste sono le modalità che utilizza l'inconscio. Come sostiene Benemeglio, l'inconscio cercherà sempre di giocarsi la partita del cuore e la partita del cuore è ciò che gli ha fatto vivere tensione.

Bene, a questo punto è meglio fare un esempio. Se da zero a cinque anni il bambino si è sentito rifiutato dal proprio genitore o da una persona significativa, da adulto si cercherà situazioni in cui potrà vivere la stessa tensione e cioè il rifiuto.

Spesso, specie nei rapporti affettivi sentimentali, si sentono commenti come: "Sono sfortunata, incontro sempre nella mia vita persone inaffidabili".

Quante volte vi è capitato di sentire questa frase?

Ovviamente non è questione di sfortuna, ma è che l'inconscio si sta giocando la "partita del cuore" cit. Stefano Benemeglio.

E quando rivive la "partita del cuore" all'inizio, si innamora.

Si dice: "Ha perso la testa", cioè la mente razionale.

Il VERSO E L'INVERSO

E' importante far riferimento ad un altro concetto fondamentale per la filosofia Analogica il concetto di VERSO e INVERSO, due elementi contrapposti insiti in noi (l'inconscio e la mente razionale; l'emozione e la ragione).

L'inconscio è legato ai vissuti, quindi al passato, mentre la logica è legata al futuro.

I due sistemi mentali, l'istanza logica e il pensiero analogico cioè l'inconscio, sono in costante rapporto tra di loro, e rappresentano rispettivamente il **verso** (elemento gratificante con funzione di ridurre il problema) e l'**inverso** (elemento penalizzante preposto ad amplificare il problema). Dalla loro interazione del verso e dell'inverso scaturisce un terzo elemento il turbamento, che può essere Turbamento Base se provoca una reazione emotiva legata al Pathos, oppure può essere un Turbamento Relativo se la sofferenza che il soggetto prova lo ha portato ad essere Reattivo.

In sostanza il verso rappresenta la parte logica e ciò che la persona vorrebbe (pensiero proiettato al futuro), l'inverso rappresenta la parte analogica e indica come in realtà vanno le cose.

Quando il verso è minoritario rispetto all'inverso, il soggetto vive una condizione di disagio, vive il problema.

Quindi, la mente umana è caratterizzata da due aspetti essenziali e opposti: L'istanza Emotiva Inconscia e L'Istanza Logica, di cui sono propri il pensiero e la riflessione.

La mente umana è binaria, vuol dire che per identificare la realtà prende in considerazione la relazione contrappositiva tra il verso e l'inverso della medesima cosa, di ogni cosa, di tutte le cose.

In altri termini per dire che una cosa è buona è necessario essere presente nella nostra mente il concetto di cattivo e viceversa, il concetto di cattivo fa definire il concetto di buono. Questo indica l'aspetto binario della mente umana.

Questo ci comporta dei modelli interpretativi della realtà della vita quotidiana, per esempio basti pensare ad Essere e Avere, il famoso dubbio che ci porta a contrapporre il processo di identità Essere con la possibilità di conquistare e quindi di Avere (possedere).

Così la nostra mente è binaria, formata da una parte logica (mente razionale) e una parte Analogica (parte emotiva).

Queste dovremmo definirle tutte e due "forme pensiero", perché se è vero che l'intelligenza riguarda la capacità di adattamento, anche il nostro inconscio è tanto intelligente quanto la parte razionale.

Alla parte logica spetta il compito della riflessione, di stabilire per ogni cosa la causa-effetto, il ragionamento deduttivo, l'interpretazione del reale. Essa vuole evitare sofferenza e pericoli e, quando si trova nell'impossibilità di abbattere ostacoli, reagisce con i meccanismi di difesa.

L'Istanza Analogica o emozionale delinea una relazione in termini non oggettivi, perché basati sul pathos, sulle emozioni, presenta un proprio linguaggio e segue regole specifiche, il suo obiettivo fondamentale è la ricerca del piacere.

L'istanza logica comunica attraverso la parola, il linguaggio, mentre per l'inconscio è la pulsione lo strumento di comunicazione, ciò che gli crea tensione, il coinvolgimento emozionale.

Tutti quanti viviamo quotidianamente delle tensioni che la parte logica classifica in rapporto a molteplici variabili e quindi, a seconda della tensione, l'io razionale la classifica come piacere o sofferenza; per l'istanza analogica non esiste distinzione tra piacere e dispiacere, ma la riconosce solo come tensione, per cui lo stato di tensione è unico, per l'istanza analogica andare ad un funerale o a un matrimonio è la stessa cosa.

Per l'inconscio è positivo qualunque stato di tensione e associa a fatti diversi la stessa tensione. In altre parole, egli presenta una sua dimensione relazionale basata sulla analogia.

La coazione a ripetere, richiamando il concetto di ripetizione, somiglianza, essa indica la modalità mediante la quale l'inconscio ripropone ad associa ad

21

uno stesso stato emotivo elementi o eventi diversi tra loro.

L'inconscio si rigenera andando a ricercare nei vissuti del passato ciò che ha reputato significativo, che sia pathos o piacere, per lui non fa differenza, egli si nutre di stati tensionali.

Se l'istanza logica rappresenta il significato, l'inconscio rappresenta il significante.

Abbiamo precisato che elemento importante della filosofia analogica delle emozioni è il concetto di **VERSO e INVERSO**, insiti nell'uomo.

Noi nasciamo e ci formiamo in una cultura logica, la quale è una forma pensiero assolutamente necessario per la sopravvivenza dell'individuo e per l'aspetto binario della mente umana che deve relazionarsi con l'altro pensiero opposto cioè quello Analogico.

Proprio per cultura noi ci identifichiamo nell'Istanza logica e di conseguenza ci allontaniamo dall' Istanza Analogica, non identificandoci con essa e soprattutto, non consideriamo che è parte di noi: l'essenza della nostra parte emotiva.

Sono due mondi per natura diversi nei loro pensieri, la loro funzione è di entrare in relazione contr appositiva.

Ad esempio il fare e non fare una cosa, il dubbio deriva da questa relazione.

Ci troviamo di fronte ad una scelta, il dualismo sempre presente in noi.

Perché abbiamo necessità di avere una risposta? Perché noi abbiamo la necessità di identificare le cose, le idee, la realtà, le persone, l'ambiente che ci circonda, in quanto dobbiamo appagare le nostre esigenze, le quali ci spingono ad interagire con il mondo.

Nel momento stesso in cui entriamo in relazione, inevitabilmente, dobbiamo superare tutta una serie di difficoltà che incontreremo lungo il nostro cammino. Queste difficoltà ci possono rendere vittoriosi, raggiungendo i nostri obiettivi, oppure possiamo perdere, in questo caso dobbiamo classificare questa perdita.

CHE COSA COMPORTA PERDERE UNA SFIDA

Non raggiungere il proprio obiettivo è come perdere una sfida.

Questa perdita si trasforma in un difetto, cioè quello di conquistare o prendere delle decisioni.

Decidere e conquistare sono due elementi fondamentali che portano a delle conseguenze che si manifestano con dei contrasti molto forti. I contrasti possono manifestarsi nei confronti di altri, di noi stessi, o di chi ci ha messo i bastoni fra le ruote.

Nel momento in cui noi falliamo, non raggiungiamo il sogno.

Il nostro desiderio è frustrato e potremmo essere vincolati nel perseguire i nostri sogni in qualsiasi campo, da quello sentimentale, professionale a quello autorealizzativo; il mancato raggiungimento dell'obiettivo potrebbe divenire un rischio per la nostra felicità.

Essere difettoso nella conquista riguarda il sogno, mentre essere difettosi nel prendere decisioni riguarda la libertà.

Una persona è libera nel momento in cui può prendere delle decisioni.

Una particolare attenzione merita il problema di coscienza, che nasce quando il soggetto non attribuisce ad altri la causa del problema, ma a se stesso.

Le discipline analogiche diventano lo strumento mediante il quale l'uomo può superare lo stato di malessere e ritrovare il proprio equilibrio interiore, perseguendo i propri sogni in libertà e in pace con la propria coscienza.

In questa visione, anche la percezione del male oscuro cambia, poiché a livello analogico si considera nella persona la sua reazione sintomatica e non strategica di fronte alle difficoltà, ai disagi, ai problemi, ai conflitti. La sua sofferenza e la dissociazione sono effetti del contrasto tra istanza logica e istanza analogica. Il male oscuro in questa prospettiva non esiste, ma è semplicemente l'effetto di un'incapacità a gestire le problematiche della vita quotidiana, per cui giunge a dissociarsi poiché le due menti entrano in un forte conflitto tra loro.

L'uomo ha l'esigenza di conquistare, ma deve essere libero per poterlo fare e deve risultare vincente.

I PRINCIPI NON NEGOZIABILI DELLA FILOSOFIA ANALOGICA: LIBERTA' - SOGNO – COSCIENZA

I principi non negoziabili dell'uomo, per la filosofia Analogica sono: La Libertà, Il Sogno e la Coscienza. L'individuo non è in grado di gestire le difficoltà della vita quotidiana quando è stato oltraggiato in uno di questi tre principi che fanno parte della struttura mentale dell'uomo, poiché essendo parametri di riferimento e di sviluppo, non sono negoziabili.

L'individuo non è in grado di gestire la propria vita senza subire degli oltraggi in questi tre principi. Appena essi sono oltraggiati, gli stessi provocano nell'uomo dei meccanismi inconsci. Essi sono in relazione ai disagi che la persona vive e si generano in conseguenza al torto ricevuto dai genitori o da adulti che fanno le veci dei genitori: tutto ciò genera offesa alla dignità.

La libertà è correlata al potere decisionale, l'individuo ha potere decisionale se riesce a sganciarsi dal pensiero genitoriale. Deve superare gli ostacoli nella vita che saranno tanto forti, quanto lo sarà il conflitto genitoriale vissuto. Come può acquisire autonomia?

Attraverso prove ed errori, in maniera progressiva e tramite l'atto di ribellione nei confronti del genitore. "Io, caro genitore sarò diverso da te".

Se però, l'atto di ribellione è fallimentare, esso influisce sulla volontà del soggetto che a lungo andare può portare lo stesso a comportamenti apatici.

Perché può provocare comportamenti apatici?

Perché il soggetto si sente incapace di conquistare, non avendo raggiunto il suo scopo si demoralizza e si demotiva e si convince di non essere in grado e per paura di sbagliare ancora non prende più alcuna decisione.

L'autonomia, in questa visione filosofica, è fondamentale, è quasi un bisogno fisiologico.

Benemeglio definisce il vincolo genitoriale, cioè l'incapacità a decidere, la "Sindrome di Romeo e Giulietta", proprio perché come Romeo e Giulietta il loro sogno è ostacolato da terzi, cioè dai loro parenti. In fondo avrebbero potuto trovare una soluzione, ma la metafora è proprio l'impedimento di terzi che comporta la carenza di volontà.

La volontà è essenziale per l'esistenza dell'uomo, anche perché, per superare un ostacolo, si ha bisogno della volontà, così come per perseguire un sogno.

Il sogno, il desiderio da raggiungere, la meta agognata dell'uomo, deve correlarsi con il potere decisionale e quindi con l'autonomia dai genitori.

Il sogno si manifesta nel rapporto con gli altri. La difficoltà a conquistare il sogno è metaforicamente identificata da Benemeglio come la "Sindrome di Dante e Beatrice".

Dante non riuscirà mai a sedurre Beatrice, il suo oggetto di desiderio, nonostante i suoi sforzi e le poesie scritte per lei.

Chi vive tale problematica, cade poi in uno stato di demotivazione che non lo spinge alla conquista di ciò che desidera, rendendo l'obiettivo irraggiungibile.

Sia nel problema di libertà che di sogno, l'individuo non ha perso la causa - effetto degli eventi, anche se vive una dissociazione tra la parte logica e quella emotiva. Questa contrapposizione tra la parte logica e ed emotiva, porta l'uomo a perdere di vista la visione generale, guardando solo lo specifico, in questo modo deforma la visione reale. Non avendo però perso di vista la causa – effetto, egli può ancora cercare le strategie più idonee per risolvere il suo problema, strategie che gli permettono di gestire il sentirsi difettoso rispetto alla condizione reale.

Certamente l'uomo vuole conquistare, ma deve essere libero per poterlo fare.

La Coscienza è il terzo principio non negoziabile dell'uomo. Si tratta di un'espressione riflessiva sul proprio vissuto e sui principi genitoriali introiettati. Lo scopo del principio di coscienza è di non farci ritrovare in situazioni fallimentari vissute come nel passato. Quando libertà e sogno giungono a uno stato degenerativo, l'individuo finisce per attribuire a se stesso la causa del problema, identificandosi con il disagio stesso e dando origine al problema di coscienza.

L'individuo riflette sull'azione che compie per conquistare e per vincere e ha paura del giudizio e della sanzione, quale possibile effetto di una scelta non conforme al pensiero genitoriale; in preda alla paura vive una condizione di scissione, la dimensione razionale si spacca tra pensiero e riflessione. Durante questo processo vive il dubbio, perde la consapevolezza della causa-effetto e cade sempre di più in una visione generica. Vive una situazione di depersonalizzazione per evitare le sofferenze del passato.

Tale condizione è definita metaforicamente la sindrome di "dottor Jeckyll e Mister Hide", uno sdoppiamento di sé senza averne consapevolezza.

Se il problema deriva da un ex problema di libertà, l'individuo vive uno stato sintomatico con punte ossessive e può sfociare in uno stato persecutorio correlato alla paura di decidere; se il problema deriva da un ex problema di sogno, la sintomatologia può essere caratterizzata da uno stato di compulsione connesso alla paura di coinvolgersi in cause sbagliate.

Proprio per le conseguenze che un problema di coscienza può provocare, uno degli assiomi della filosofia analogica è: "Diffida di tutti ma non diffidare mai di te stesso, poiché tu sei la soluzione del problema".

L'EVOLUZIONE DEL DIFETTO IN PAURA

Chi non supera le difficoltà e non conquista si sente difettoso, incapace ad abbattere antagonisti o difficoltà dinanzi ad una condizione ideale. Questa situazione, se esasperata, diventa paura.
Si assiste a una trasformazione del proprio ruolo riflessivo in uno coercitivo o costrittivo.

Una volta avvenuta la scissione del pensiero, l'individuo, in preda alla paura, non riconosce più la relazione di causa – effetto: soffre ma non conosce il motivo della sua sofferenza.

Spesso capita di sentire questa frase: "sto male e non capisco perché".

Vuol dire che il soggetto ha perso la relazione di causa-effetto del suo malessere.

In quel momento della sua esistenza è avvenuta una scissione tra la mente razionale e l'inconscio, come se le due menti viaggiassero su binari opposti.

Quelli che prima erano difetti di libertà e conquista, ora si manifestano come vere e proprie paure: paura di decidere e la paura di essere coinvolti in cause fallimentari.

La paura mette l'uomo nella condizione di essere vincolato nel suo agire, sviluppando così i sigilli.

Ogni principio non negoziabile della filosofia analogica ha in sé i propri sigilli (vincoli).

I CARBURANTI DELLA NOSTRA VITA: LA VOLONTA' E LA MOTIVAZIONE

Gli elementi energetici, propulsivi, che spingono l'individuo a conquistare l'oggetto del desiderio, sono la **volontà** e la **motivazione.**

Sono questi due elementi che portano l'individuo a sviluppare il coraggio e ad abbattere gli ostacoli che si frappongono alla conquista, vincendo così la paura.

Conquistare l'oggetto del desiderio è una necessità insita nell'uomo.

La necessità porta l'uomo ad affrontare due tipi di difficoltà: gli ostacoli provocati da altri e il rifiuto da parte dell'oggetto di desiderio.

La volontà decisionale, ci rende liberi e ci mette nelle condizioni di trovare le strategie più idonee per superare le difficoltà. La volontà dipende dalle dinamiche che si sviluppano durante il rapporto genitoriale, essa è direttamente proporzionale al grado di autonomia che riusciamo ha conquistate nel rapporto genitoriale.

La motivazione è invece la forza propulsiva del Sogno, ci permette di trovare strategie d'azione per superare i rifiuti subiti da parte dell'oggetto di desiderio.

Queste due forze propulsive, volontà e motivazione se incontrano ostacoli nel raggiungere l'obiettivo, possono trasformarsi, rispettivamente in apatia e demotivazione.

Vista la naturale propensione dell'uomo a perseguire obiettivi e oggetti del desiderio, è necessario identificare l'oggetto del desiderio, che scaturisce dall'esigenza. L'esigenza a sua volta richiede un testimone che la possa rappresentare oggettivamente. Solo se l'oggetto del desiderio è identificato si può esprimere.

Se, ad esempio, l'uomo ha l'esigenza di amare, allora deve identificare l'oggetto del desiderio, che può essere: persona, cosa, idee da amare.

Se voglio comprare una macchina, devo sapere qual è il modello che voglio, identifico quindi il mio oggetto di desiderio.

Dall'identificazione si passa allo stato di necessità e di conseguenza al bisogno.

E' dunque chiaro che se manca la volontà perché è ostacolata, le esigenze non possono essere espresse poiché non è definita la meta.

Per la filosofia analogica, quindi, la libertà rappresenta l'autonomia, l'essere capace di sganciarsi dalla dipendenza genitoriale per compiere delle scelte autonome. E' tramite la libertà che l'individuo riesce a realizzare i propri sogni; infatti, se si è vincolati dalla paura, o dall'ansia, viene meno la sua creatività e la capacità di conquistare i sogni.

Gli ostacoli che l'uomo incontra rappresentano la reincarnazione genitoriale; pertanto affrontare gli ostacoli, è come trovarsi di fronte ai genitori stessi.

Per superare le difficoltà, l'uomo, cerca chi lo aiuta, in realtà ha bisogno di un Mastro di Chiavi o un Guardiano di Porta (due elementi del Sistema Meccanicistico), che lo confortino e gli diano coraggio (ad esempio gli amici). Essi dovrebbero aiutare l'uomo a conquistare e ad abbattere gli ostacoli per portare a termine l'esigenza di sganciarsi dal conflitto genitoriale e superare le difficoltà. L'individuo identifica sia il mastro di chiavi che il guardiano di porta in idee, cose e persone, di tipo istituzionale se riferite al guardiano di porta o di tipo trasgressivo se riferite al mastro di chiavi.

Il Guardiano di Porta, incarnatosi nel genitore, si fonda sull'istanza logica e costituisce tutti quegli elementi tendenti a bloccare l'atto di ribellione, diversamente, il Mastro di Chiavi è espressione della istanza analogica e spinge allo sblocco attraverso atti trasgressivi, contrari al pensiero genitoriale.

Il sistema Meccanicistico è riferito al significato simbolico oggettuale, cioè l'identificazione dell'oggetto che provoca o rabbia o pathos.

I due elementi che caratterizzano il sistema energetico sono il pathos e la rabbia. Esempio: Soffro a causa di Giovanni. La sofferenza è il significante emotivo (sistema energetico), mentre Giovanni è il significato simbolico oggettuale (sistema meccanicistico).

Può capitare che sia il Guardiano di Porta che il Mastro di Chiavi, per la legge dell'inverso, demotivino l'individuo: essi infatti ripropongono coloro che hanno spinto a realizzare (M.C.) o trattenuto a compiere (G.P.) l'atto di ribellione.

La prevalenza di uno dei due dipende da quanto sia forte nell'individuo il contrasto, cioè se il pensiero trasgressivo è maggiore di quello istituzionale prevarrà il Mastro di Chiavi; se il pensiero istituzionale sarà maggiore di quello trasgressivo, l'atto di ribellione verrà soffocato e l'individuo vivrà uno stato dissociativo tra l'istanza logica e quella emotiva.

DALLA PROFEZIA GENITORIALE AL SIGILLO

Il conflitto genitoriale è necessario per l'evoluzione dell'individuo, per raggiungere l'autonomia. Questo conflitto fa parte del turbamento base. Il figlio cerca di differenziarsi dal genitore per conquistare la propria identità.

I genitori svolgono un compito comparativo molto importante, perché presentano ciascuno due modelli. Il papà presenta il modello maschile, per come si comporta con la mamma all'interno della relazione di coppia. Il figlio, valutando il papà come si comporta con la mamma, assume il modello maschile che il papà presenta; ma il papà presenta anche il modello di uomo, ossia persona che agisce responsabilmente nei confronti della famiglia, padre e uomo affidabile. Il figlio valuta il modello di uomo presentato dal papà e lo giudica idoneo se tutela il suo benessere; quindi giudicherà il padre come maschio e come uomo in rapporto positivo o negativo.

La mamma, in ugual misura, rappresenta il modello femminile e di donna per come si comporta nei confronti del papà e se assolve i compiti di donna e soddisfa l'esigenza del figlio. Sono quattro modelli interpretati dal figlio, due per ciascun genitore. Il figlio svilupperà la sua identità, nell'essere l'opposto del modello che ha giudicato negativo, come a dire: "Io sarò diverso da te, non fallirò dove tu hai fallito".

Siccome tale genitore, è consapevole di non essere stato in grado di perseguire i suoi sogni, per evitare che il figlio debba trovarsi nelle medesime condizioni e vivere la stessa sofferenza si verifica un accanimento nei confronti del figlio, che lo porta a dire di stare attento, facendo un elenco delle possibili difficoltà che potrà incontrare nel perseguire il suo sogno. Il genitore esprime quella che la filosofia Analogica chiama una profezia.

LA PROFEZIA GENITORIALE

Questi poveri genitori! È possibile che siano portatori sani d'infelicità per i propri figli?

Chiariamo un concetto fondamentale non lo fanno con cattiveria ma solo perché preoccupati del futuro del proprio figlio.

La profezia assume tre valori fondamentali:

Profezia del presagio: troverai un antagonista (la disgrazia) nella vita che ti rovinerà tutto (imprevedibile fatto del presagio) che equivale a dire che incorrerai delle difficoltà enormi e fallirai!

Esempio classico: "Figlio mio se continui a comportarti così, alla fine ti accadrà qualcosa di brutto".

In realtà il genitore nel presagio insinua la presenza comunque di un antagonista, che rovinerà il destino del figlio, instillando il dubbio profetico.

Tale dubbio si può trasformare in difetto, (riguarda il problema ordinario, in cui è presente la relazione di causa-effetto) nel conquistare, possedere e vincere.

In seguito, tale difetto, può diventare paura ed entrare nell'aberrazione dell'individuo stesso, il quale comincia ad accusare se stesso di non essere in grado di conquistare, possedere o vincere. Il presagio accende il conflitto con genitori e con antagonisti.

LA SECONDA PROFEZIA E' L'INCAPACITA'

"Figlio mio, non puoi assumerti tale responsabilità perché tu non sei capace di portare a termine il compito".

Ciò avviene quando il genitore pensa che il figlio non riuscirà a ottenere l'oggetto del desiderio. Penserà che sarà in grado di fare altro, ma l'obiettivo che si è posto non riuscirà a raggiungerlo. Come in uno specchio, sentendosi anch'egli difettoso nel conquistare quel determinato obiettivo, ripeterà al figlio che non riuscirà mai a raggiungere il suo sogno. L'incapacità accende il conflitto con sé stessi.

LA TERZA PROFEZIA GENITORIA E' L'IMPEDIMENTO

"Figlio mio se continui a frequentare cattive amicizie non riuscirai a raggiungere i tuoi obiettivi".

Accende il conflitto con altri, altri ostacoleranno il proprio agire.

Il genitore, sostanzialmente, si comporta in questa maniera per paura di che il figlio fallisca e che faccia i suoi stessi errori e soffra come lui ha sofferto.

Egli esprime, in tal senso, il desiderio di vederlo vincente, cercando di evitare le sofferenze.

Di fronte all'atto di ribellione del figlio per conquistare l'autonomia, per quanto sopra esplicitato, il genitore lancia la profezia, sigillando il destino del figlio.

La profezia apre il problema attraverso il dubbio profetico. Il figlio pensa: Io riuscirò a essere diverso dai miei genitori?".

LA PAURA DELL'EMULAZIONE DEL MITO GENITORIALE

La profezia si collega al processo identificativo cioè alla paura dell'emulazione del mito genitoriale che porta l'individuo a pensare: Io sarò l'opposto di ciò che è stato il mio genitore?

Si definiscono due regole fondamentali in tale pensiero di rivincita:

1) tutto ciò che di negativo (vizi e difetti comportamentali) hai visto nel genitore del tuo stesso sesso temerai di vederlo in te stesso;
2) tutto ciò che di negativo hai visto nel genitore di sesso opposto al tuo, temerai di vederlo nell'oggetto del tuo desiderio (partner) e così ti aggancerai a partner che presentano gli stessi difetti e vizi comportamentali.

Da qui si comprende che l'individuo teme di essere come il genitore; la paura dell'emulazione del mito genitoriale attraverso il ricordo "celebrato" porta al pensiero dominante, ossia a vedere e vivere la realtà in modo diverso da come realmente è."

Il conflitto genitoriale spinge a ricercare la propria identità laddove il ragazzo ritenga che i genitori abbiano fallito.

Di qualsiasi evento si tratti, l'essenza del conflitto genitoriale si riduce nell'estrema oggettiva valutazione di quanto potrà sentirsi maschio (colui che sa conquistare) o uomo (colui che sa decidere responsabilmente), femmina (colei che sa conquistare) o donna (colei che sa decidere responsabilmente). I diversi oggetti di desiderio della vita, di qual si voglia natura, hanno solo un'essenza: essere maschio o uomo, femmina o donna. Il fatto di sentirsi poco maschio o poco femmina, poco uomo o poca donna è dato dal conflitto genitoriale e si rincarna in seguito in qualsiasi altro conflitto della vita per la famosa coazione a ripetere. La radice è di sentirsi poco maschio o poco uomo, poco femmina o poco donna.

MECCANISMO DI DIFESA

Responsabile di un problema non è la persona che ti fa soffrire, ma il meccanismo di difesa che l'individuo adotta, che trasforma il conflitto in un vero e proprio problema. Il problema nasce da una dissociazione che se diventa paura si trasforma in una scissione. Nella dissociazione non c'è più un comportamento uniforme, gradualmente offuscato dall'insicurezza, dal dubbio; ma comunque l'individuo scenderà in campo a combattere, per conquistare l'oggetto del desiderio;

Se il difetto si trasforma in paura, l'individuo non vorrà più combattere per raggiungere l'obiettivo, anzi una parte di sé non vorrà mettersi in gioco e a questo punto cercherà un adulto significativo che potrà aiutarlo a risolvere tale problema, attraverso preziosi consigli per farlo vincere o perdere, l'essenziale sarà rinunciare a quella partita.

Tutto ha inizio dal conflitto genitoriale, come abbiamo costatato, esso crea molto disagio nell'individuo, irrompe dissociando l'istanza logica da quella analogica (inconscio), portando l'individuo a ragionare e riflettere in un modo ed a operare in maniera opposta.

Il conflitto genitoriale nasce da scelte sentimentali-affettive, sessuali-passionali, e scelte inerenti all'autorealizzazione personale e professionale. Tali scelte inducono l'individuo ad affermare se stesso contro la volontà genitoriale (atto di ribellione). Questa è la premessa attraverso la quale si creano i sigilli cioè quando vengono oltraggiati i principi non negoziabili della filosofia analogica.

Ogni volta che avviene un fallimento, si rafforza il pensiero dominante e la sconfitta è vissuta come un'offesa alla propria dignità sessuale di Maschio o Femmina (se si tratta di un diretto contrasto con il genitore) oppure un'offesa nella dignità di Uomo o Donna (se si tratta di un contrasto con persona significativa):.

Tale offesa, genera una crisi d'identità con la conseguenza che l'individuo maschererà la scarsa autostima. Dalla consapevolezza del proprio limite si generano i Sigilli ossia le paure, che vincolano il soggetto nell'agire.

Se l'individuo sarà oltraggiato nel principio di **libertà** i sigilli che deriveranno saranno:

- Il complesso di rifiuto;
- Il complesso di comparazione fallimentare;
- Il complesso di condizionamento (obbligo o rinuncia).

Mentre, se l'individuo sarà oltraggiato nel principio di **sogno,** i sigilli saranno i seguenti:

L'abbandono affettivo,
I sensi di colpa;
La disistima;

La paura del giudizio altrui.

Nel principio di **coscienza i** sigilli sono i seguenti:

Il pentimento per rimorso;
Il demerito o l'incapacità;
Il rancore.

In sostanza, quando i principi non negoziabili della filosofia analogica sono oltraggiati, c'è una reazione da parte dell'individuo che comporta la nascita dei turbamenti nello stesso.

RICAPITOLANDO

In principio fu il conflitto genitoriale, necessario per ricercare la propria identità e autonomia.

La profezia genitoriale con la quale l'individuo dovrà sempre fare i conti poiché per tutta la vita cercherà di dimostrare il contrario.

La profezia insinuerà il dubbio profetico: "sarò in grado di essere diverso dai miei genitori?".

Ne scaturiscono una crisi d'identità e di conseguenza la necessità di fare l'atto di ribellione per sganciarsi dal pensiero genitoriale.

Se l'atto di ribellione fallisce, siamo nei guai, cominciamo a sentirci difettosi e gettiamo le basi della formazione del problema.

Si assiste ad una eterna lotta tra la mente razionale e l'inconscio, ma ancora non siamo arrivati ad uno stadio di scissione tra le parti.

Anzi, tale lotta è auspicabile fin quando produce la motivazione a decidere di percorrere una strada e a motivare il raggiungimento della meta.

LA MASCHERA CI SALVA

Che cosa succede se la profezia genitoriale non ci ha fatto sentire abili nella conquista? Viene in soccorso un meccanismo di difesa: la maschera che esalta le nostre capacità di decidere.

Al contrario, se la profezia genitoriale ci impedisce di prendere decisioni, la maschera esalterà le nostre abilità di seduzione e di conquista.

La filosofia analogica definisce questi due meccanismi di difesa come conseguenza all'offesa ricevuta nella dignità di maschio o di uomo, di femmina o di donna.

Facciamo una distinzione ben precisa tra il significato di maschio/femmina e uomo/donna.

L'uomo è chi ha grande potere decisionale, tutelante, istituzionale; il maschio invece è chi riesce a conquistare e sedurre.

Il difetto è quindi celato dalla maschera di super–uomo se non si è abili nella seduzione e di super- maschio se ci si sente difettosi nel potere decisionale.

Lo stesso dicasi per il sesso femminile.

Quando siamo difronte a un reale problema? Quando la ragione ha perso la causa – effetto e non sa trovare una soluzione.

Espressioni come:

"sto male e non capisco perché!"

"Ho il problema dell'ansia", vuol dire che il soggetto vive un problema aberrante, a causa della scissione del pensiero.

E' l'insieme degli eventi negativi che portano l'uomo a questa forma di aberrazione. Le esperienze negative vissute hanno dato ragione alla profezia genitoriale. L'individuo così attribuisce a se stesso i propri fallimenti.

I DUE ELEMENTI FONDAMENTALI CHE COMPONGONO IL TURBAMENTO DELL'INDIVIDUO - PATHOS E REATTIVITA'

Il Pathos e la reattività sono i due elementi opposti del verso e dell'inverso responsabili del turbamento dell'individuo.

Il Pathos è la percezione emotiva del piacere e della sofferenza, esso è utile all'individuo per percepire l'oggetto di desiderio in un'idea, cosa o persona, in pratica, permette all'individuo di trasformare idee, cose persone da oggetti neutri a oggetti significativi su cui porre delle aspettative.

Un oggetto, si definisce significativo quando genera nell'individuo un bisogno a seguito di una aspettativa frustrata, non appagata; ma rigenerata. Il bisogno è la consapevolezza di uno stato di necessità.

La frustrazione di non aver conquistato l'oggetto del desiderio mette in atto sia dei meccanismi di difesa sia di offesa.

La reattività è l'elemento riflessivo che causa il senso di colpa (è riferito a se stesso) o il risentimento (riferito agli altri).

La reazione si manifesta tramite la Reattività alla rigenerazione dell'esigenza precostituita da parte dell'oggetto di desiderio.

Essa si può esprimere con la mortificazione personale generante i sensi di colpa, o con la rabbia e il rancore verso il prossimo generante il risentimento.

I due elementi opposti che formano il Pathos sono il piacere e la sofferenza; i due elementi opposti che formano la reattività sono: i sensi di colpa e il risentimento.

IL SENSO DI COLPA

Quanti sono imprigionati nel senso di colpa, addirittura un legame può sopravvivere a lungo per i sensi di colpa.

Facendo riferimento al Manuale Diagnostico e Statistico dei disturbi Mentali (DSM IV), in ambito clinico, è possibile riscontrare come la presenza di sentimenti di colpa "eccessivi o inappropriati" è uno dei nove criteri diagnostici riportati per l'episodio depressivo maggiore; il senso di colpa sembra essere responsabile anche di altri disturbi.

L'origine più profonda del senso di colpa, secondo l'analisi freudiana, è nel complesso di Edipo poiché da esso deriva la possibilità di distinguere tra "buono" e "cattivo" e soprattutto tra "buono" e "bene"; infatti, in seguito alla proibizione di possedere il corpo del genitore amato, quello che è "buono", quindi gradevole, diviene "male", ossia cattivo." In quel desiderio proibito è la nascita del senso di colpa e di ogni nevrosi.

Il senso di colpa è un'emozione che permette di contenere le pulsioni distruttive e di prendere coscienza della sofferenza dell'altro. Identificato in questa modalità può avere anche sfumature costruttive perché mette in guardia qualora si stiano oltrepassando i limiti, costringe ad una messa in discussione e ad un'assunzione di responsabilità. Il senso di colpa, sperimentato spesso da ogni persona sensibile e responsabile, è quella vocina che ci insinua il dubbio scaturito dagli insegnamenti che abbiamo ricevuto dai nostri genitori, dalla religione e dalle regole sociali, come se si dovesse pagare un prezzo in termini di sofferenza interiore per avere osato desiderare qualcosa di vietato. Infatti, basta solo aver pensato di violare una "regola" per vivere una sensazione di disagio, per non sentirsi più la coscienza pulita. Il bambino impara molto presto a sentirsi in colpa per non aver soddisfatto le attese degli altri, in primis quelle genitoriale e spesso quando è spettatore di un divorzio, di una malattia o di una sofferenza dei genitori, si convince di essere responsabile, come se effettivamente tutto ciò che è doloroso o "negativo" fosse, per qualche ragione, colpa sua. Sovente, se il bambino non corrisponde alle aspettative del genitore, egli si sentirà colpevole di non aver soddisfatto il desiderio genitoriale.

Qualche volta, Il sentimento di colpevolezza può celare un senso di onnipotenza ("è tutta colpa mia!"), una specie di volontà di controllo sugli altri e su ciò che si vive, un meccanismo perverso che ci costringe a vivere nella dipendenza, lasciando agli altri il potere di liberarci. La maggior parte delle persone che si sentono "colpevoli" soffre, in qualche modo la paura dell'abbandono, il timore di perdere un amore o l'approvazione degli altri. Il sentimento di colpevolezza, infatti, induce ad adottare una certa condotta in funzione della fedeltà al gruppo di riferimento, al di fuori del quale ci si sentirebbe persi. La possibilità di fare una scelta fuori dal coro spaventa, è forte la tentazione di rimanere fedeli al gruppo rinunciando a se stessi e alla propria vera identità. Crescere vuol dire anche liberarsi dai condizionamenti e dalla paura di infrangere imposizioni e regole, adottando un comportamento rispettoso verso il gruppo, ma senza rinunciare a sé.

Alcuni genitori a volte fanno leva sul senso di colpa dei figli per ottenere cose altrimenti impensabili; sembra quasi che in gioventù abbiano programmato i figli a rispondere - una volta adulti e apparentemente indipendenti - a determinate sollecitazioni, e i sensi di colpa sembrano essere molto 'gettonati' nella classifica dell'efficacia. Alcune madri sono esperte nel far leva sui sensi di colpa dei figli e sanno, meglio di chiunque altro, come ottenere da loro quello che vogliono, riuscendo a colpirli proprio là dove sono più vulnerabili. Frasi apparentemente innocue, creano mostruosi sensi di colpa, malessere e senso d'inadeguatezza e hanno il potere di trasformare il figlio in un "bambino cattivo". "E così hai deciso di andare a studiare fuori città...così non ti vedrò per mesi"...L'operazione più difficile per un figlio è quella di comprendere profondamente che è la propria mamma ad attivare una manipolazione e che non è lui ad avere torto.

Arrivare a tale comprensione è difficile, perché la madre che colpevolizza lo fa da sempre e ormai il senso di colpa si è completamente impossessato del figlio che fatica a vedere il vero e proprio abuso di potere che la madre mette in atto. Da adulto, si vedrà costretto ad affrontare la paura di essere rifiutato se non soddisfa puntualmente i bisogni della madre. E' necessario individuare l'esistenza del senso di colpa, capire cosa sta succedendo. Può succedere di sentirsi nervosi o inadeguati dopo un dialogo con i propri genitori, di soffrire di mal di testa, di accorgersi che i loro commenti hanno il potere di spegnere ogni entusiasmo e che tutto l'impegno profuso per tentare di accontentarli non basti mai.

In verità le mamme hanno un grande potere ed è quello di creare gli uomini.

I PRINCIPALI DISTURBI DI CARATTERE PSICOLOGICO DETERMINATI DAL SENSO DI COLPA

L'ipocondria (timore sproporzionato delle malattie) è uno dei disagi più comuni che nascono dal senso di colpa. Tutte le colpevolizzazioni seguono un ritiro di affetto che il bimbo vive come una minaccia di abbandono e di morte. Inoltre queste lo feriscono al punto da ritardare la crescita autonoma e lo costringono ad una dipendenza eccessiva dalle idee dei genitori. Nella vita adulta quel bimbo avrà paura di realizzare i propri desideri perché essi rappresenteranno una trasgressione. Il risultato sarà scegliere di rinunciarvi.

La superstizione prende vita dal senso di colpa, essa è una modalità difensiva allucinatoria che ha a che fare con il pensiero magico. E' come se una catastrofe fosse sempre alle porte e allora le mille attenzioni irrazionali (gatti neri, olio che si versa, rituali che si ripetono sempre uguali) servirebbero a scongiurare magicamente la disgrazia.

Grande bisogno di essere considerati e amati: maggiore è la sensazione di essere inadeguati e colpevoli, maggiore è la richiesta di considerazione totale. Molte coppie fondano il loro relazionarsi sul desiderio di ricevere dal partner quello che non si è avuto da piccoli, rivendicazioni insensate, destinate a essere frustrate. Il risultato è un forte rancore verso il coniuge che ci delude.

L'onnipotenza è una peculiarità del pensiero infantile, si articola nella convinzione che tutti i desideri possano essere soddisfatti. A volte questa modalità persevera anche nella vita adulta, lasciando l'individuo vittima di colpevolizzazioni continue proporzionali a tutte quelle aspettative che inevitabilmente rimangono deluse e irrealizzabili.

I sensi di colpa hanno origine nell'infanzia e condannano a scontare una pena nel quotidiano in età adulta, una pena fatta di mortificazioni inutili auto inflitte.

Uno dei pericoli è di "lasciarsi vivere" orientandosi verso scelte senza ambizioni o evitando accuratamente obiettivi impegnativi.

Per la filosofia Analogica ciò accade quando l'individuo è intrappolato nei sigilli genitoriali che, trasformandosi in sigilli di coscienza, non permettono più all'individuo di reagire, trasformando la volontà in apatia. La volontà, è responsabile del perseguimento degli obiettivi.

Si possono fare svariati esempi del senso di colpa:

"Ho deciso di rimanere a lavorare in questo posto ... si guadagna poco ma almeno lavoro solo 4 ore al giorno...mi sento in colpa nei confronti di mia moglie che vorrebbe di più ma io preferisco così...sto più tranquillo". Queste persone si sentono inadeguate, frustrate, in conflitto tra il desiderio di migliorare la propria posizione e la difficoltà a realizzarlo. Si convincono, inconsciamente, che il loro valore dipenda esclusivamente da ciò che realizzano e non da ciò che sono e molti di loro sono stati figli di genitori troppo efficienti, dediti al lavoro e al sacrificio. La scelta dell'inattività o anche quella della permissività è un cuscinetto utile per ammortizzare il senso di colpa che deriva dalla incapacità di liberarsi dai propri autoritari "genitori interni".

Il senso di colpa pare che ci accompagni nella nostra quotidianità.

C'è anche chi mangia tanto, specialmente cibo ipercalorico, per poi sentirsi in colpa verso se stesso e verso gli altri (percepiti come sempre pronti a giudicare). Il rapporto con il cibo ci dice qualcosa della nostra capacità di relazionare: non sentirsi mai sazi di cibo è come non sentirsi mai sazi dell'amore che ci donano gli altri, giudicato sempre insufficiente. Si crea una grande dipendenza dagli altri e soprattutto una grande mancanza di fiducia e autostima, si mangia per riempire vuoti di affetti e ci si sente in colpa subito dopo per non riuscire ad aderire ai canoni dettati dalla società in tema di immagine. E' raro gustare un pasto come momento di puro piacere, nella maggior parte dei casi si finisce per non conoscere per nulla i propri cibi preferiti così come si ha difficoltà a scegliere partner o amicizie che veramente fanno stare bene.

Un altro comune senso di colpa è legato al vissuto di quei figli che non si occupano dei genitori anziani: chi decide di non vivere con i propri genitori anziani può sentirsi ingrato o "traditore" (e spesso immagina che un giorno sarà abbandonato a sua volta, giusta punizione per il suo egoismo). Se il tempo dedicato ai propri genitori, per necessità o per scelta, è poco, è importante far sì che diventi comunque un momento intenso, interamente dedicato a loro. Non è raro che, a decidere di tenere con sé l'anziano genitore, sia proprio quel figlio che è stato trattato meno bene, il quale, spinto da un desiderio inconscio di ricevere quell'amore che è mancato, crede di poterlo finalmente ottenere offrendo le sue cure. I figli sufficientemente amati sono meno condizionati da questo tipo di desiderio profondo.

Le madri che lavorano si possono sentire in colpa per il fatto di lasciare i propri bimbi da soli tanto tempo. Gli effetti di questo tormento si possono osservare nella perdita di autostima e d'interesse per il lavoro, nella somatizzazione, nell'aggressività o, a volte, nella smisurata indulgenza verso i figli.

Perché non ho lasciato il lavoro? Perché ho scelto di separarmi invece di restare con mio marito, in fin dei conti poteva darmi una mano con i bambini e con l'organizzazione di questa famiglia..."

I padri divorziati che sono costretti a vedere i propri figli solo in determinati giorni si sentono presto rifiutati e recitano la parte di padre-amico-permissivo e ciò li aiuta a sentire meno quel senso di colpa che nasce puntuale dalla sensazione di aver deluso le aspettative che i loro figli e del ruolo tutelante che hanno i padri. Un "buon padre" dovrebbe essere sempre presente, ascoltare i figli, incarnare "le regole", dare ottimi esempi. E se tutto questo non si raggiunge? Si ha la sensazione di aver fallito, di perdere l'amore dei propri figli. E' fondamentale rapportarsi con i propri figli non pensando all'immagine che si vuole dare loro di sé in quel momento, ma cercando di capire quello di cui hanno veramente bisogno.

Ogni volta che viviamo un'esperienza negativa, ci sentiamo all'istante giudicati, colpevoli, accusati e condannati al tormento del senso di colpa che si manifesta anche nei sogni, durante la notte.

Quando c'è malumore, sensazione di disagio, quando ci sentiamo tristi o nervosi vuol dire che il "giudice morale" sta lavorando dentro di noi, ci sta condannando in silenzio, per qualcosa che abbiamo fatto o pensato. Magari nemmeno ce ne accorgiamo, ma questo accade di continuo ed è impresa estremamente difficile sottrarsi alla sua ingerenza. Pochi sono momenti durante i quali il nostro giudice interno interrompe la sua attività e in questi rari casi ci sentiamo felici.

Come fare per contrastare i sensi di colpa, quando questi interferiscono pesantemente con la nostra vita quotidiana eci impediscono di vivere serenamente?

Conoscere se stessi, guardarsi dentro è sicuramente uno strumento adatto, ma per affrontare definitivamente i sensi di colpa e vivere una vita serena, è necessario ridurre la tensione emotiva che soggettivamente l'individuo vive per mezzo del senso di colpa.

INCONSCIO, IPNOSI E BENESESSERE PSICOFISICO

L'intuizione che nell'inconscio fosse latente un grande potere di propulsione di guarigione, spinse Sigmund Freud, all'inizio del novecento, a portare le sue ricerche in questa direzione con l'obiettivo di dare ordine, razionalità ad una sorta di magma bollente e semisconosciuto, qual era allora il concetto di inconscio.

Le sue esperienze cliniche lo portarono ad apprezzare il grande potere dell'ipnosi. Con l'ipnosi, la persona preda di manifestazione patologica, poteva ricordare o rivivere aspetti del passato che non affioravano alla coscienza, e, il materiale sepolto, essendo scoperto, portava consapevolezza, conoscenza e remissione dei sintomi, raggiungendo un equilibrio sentito come "normalità".

L'ipnosi, parola d'origine greca Hypnos, significa sonno.

Il dizionario recita così: "stato psicofisico simile al sonno provocato artificialmente e caratterizzato da una diminuzione delle capacità razionali e da un incremento dell'emotività".

Tale termine fu coniato nella prima metà del XIX secolo da James Braid, chirurgo scozzese; in realtà tale assunto non è esatto per descrivere uno stato ipnotico.

Avvolto da un alone di mistero, da qualcosa che sembra inspiegabile ai più.

Bene, M. Erickson, padre dell'ipnosi clinica, lo definisce come un comportamento complesso e insolito, ma comunque normale.

Alcune differenze tra sonno e ipnosi:

La risoluzione dei conflitti emotivi avviene attraverso la trans ipnotica, mentre nel sonno fisiologico i disagi si ripropongono tramite metafore.

Durante uno stato ipnotico il soggetto reagisce a stimoli deboli e non si osserva alcuna alterazione dei riflessi; nel sonno, invece, l'individuo agisce a stimoli intensi.

Durante uno stato di trans ipnotica accade una maggiore sensibilizzazione della parte emotiva.

L'ipnosi non è un fatto statico ma dinamico, difatti, attraverso il ricordo di eventi del passato riusciamo a cambiare e a risolvere conflitti tra la mente razionale e l'inconscio.

Da profana penso che sarebbe bene chiamare questa tecnica "investigazione dei comportamenti emotivi".

Purtroppo nell'immaginario collettivo l'ipnosi è percepita ancora oggi, come perdita di coscienza con conseguente paura di essere manipolati. Pensiamo, tuttavia all'autoipnosi: Come potrebbe essere una manipolazione?, l'individuo sarebbe in grado di ingannare se stesso?

La grande intuizione e scoperta dell'Ipnosi Dinamica Attiva Benemegliana è aver decifrato i messaggi non verbali attraverso i quali l'inconscio si esprime e ancor più, aver messo a punto un tecnica per sensibilizzare l'inconscio, mettendolo nelle condizioni di esprimersi e comunicare le proprie esigenze, tutto questo senza servirsi di alcuna suggestione, come solitamente avviene nella ipnosi tradizionale.

Come si rende comprensibile l'inconscio ? attraverso la comunicazione.

Nell'ipnosi tradizionale le stimolazioni che vengono inviate dall'operatore seguono il canale della comunicazione verbale, nella Ipnosi Dinamica Attiva Benemegliana l'operatore sensibilizza l'inconscio attraverso tre differenti sistemi di sensibilizzazione, tramite una comunicazione integrale che è composta da una parte logica CV (comunicazione verbale) e una parte Analogica CNV (comunicazione non verbale), cioè segni, suoni, gesti espressioni comunicative.

I tre sistemi di sensibilizzazione creano delle micro tensioni e aprono il canale comunicativo con l'inconscio dell'interlocutore.

Quale migliore corsia preferenziale per arrivare direttamente alla causa del problema?

IL LINGUAGGIO DELLE EMOZIONI E IL SUO L'ALFABETO ANALOGICO

Il termine analogico è antico, deriva dalla fusione di due parole greche "ana" che significa assenza e "logos" parola, discorso.

In questo caso assenza di linguaggio.

Come si fa a comunicare in assenza di parola?

L'uomo comunica costantemente, sin dalla nascita. Il neonato per esempio, utilizza il pianto quando ha bisogno di comunicare qualcosa. Anche in assenza d'interlocutore comunichiamo e lo facciamo attraverso un dialogo interno. I silenzi comunicano qualcosa, servono alcune volte per dare enfasi a un discorso, pongono l'accento a ciò che abbiamo detto.

Anche quando dormiamo, lo facciamo attraverso i sogni, una sorta di comunicazione della nostra parte razionale con l'inconscio.

Se l'obiettivo di ognuno è di essere felice, allora è necessario che l'uomo conosca i propri "linguaggi analogici" poiché essi esprimono le reali esigenze ed i desideri più profondi della nostra parte emotiva. Partendo dal presupposto che il corpo non mente mai, al contrario della parte logica che è portata a mentire, imparando a decodificare tutti i segnali non verbali che l'altro esprime spontaneamente, riusciamo a conoscere la parte più vera e profonda delle persone .

Il linguaggio del corpo ci comunica in ogni istante quali sono i blocchi emotivi che ci impediscono di raggiungere i nostri obiettivi. Sappiamo bene che le esperienze precedenti rimangono nella memoria emotiva e che tali esperienze condizionano le nostre scelte future attraverso i meccanismi di difesa che mettiamo in atto. Saper leggere i messaggi del corpo significa capire immediatamente quali sono i nostri blocchi emotivi. La comprensione del linguaggio emotivo si basa sulla conoscenza della pragmatica della comunicazione: prossemica, cinesica, paralinguistica, digitale e della comunicazione simbolica analogica.

I tre simboli importanti sono: Asta – Cerchio - Triangolo, simboli che solitamente esprimiamo con gli arti superiori e che ci fanno capire le caratteristiche nostre comportamentali e del nostro interlocutore e la conflittualità emotiva che viviamo.

L'asta si esplicita con il dito indice, quando il soggetto è direttivo, penalizzante, accusatorio e simboleggia la figura paterna

Il cerchio simboleggia l'Io. Con le mani si disegnano cerchi nello spazio. Un esempio è l'ok, significando un comportamento prescrittivo.

Il triangolo è quando i pollici delle due mani si toccano e disegnano una forma triangolare. Simboleggia la figura materna, protettiva, avvolgente.

Anche una stretta di mano può comunicarci informazioni sul nostro interlocutore e immediatamente ci fa sapere in che modo dobbiamo dirigere la nostra comunicazione affinché sia efficace.

Ottenere assenso e consenso da parte dal nostro interlocutore.

Qual è lo scopo della comunicazione?
Attirare l'attenzione per farci ascoltare e far si che il nostro interlocutore soddisfi le nostre esigenze. Le nostre parole, se non sono guidate in modo giusto, possono causare uno stato di tensione eccessivo e provocare così una chiusura da parte dell'interlocutore.

Le mani incrociate sono indice di chiusura.

Qualunque cosa noi diciamo o facciamo avrà sempre un effetto sul nostro interlocutore, cioè comunicheremo sempre qualcosa.

Frasi come: "sono stato così esplicito! credevo avesse capito!" sono soventi.

E' fondamentale osservare i movimenti del corpo, tutte le microtensioni che la nostra comunicazione produce, poiché capita che nonostante la nostra capacità ad esprimerci, non riusciamo ad essere compresi.

I canali della comunicazione analogica, attraverso i quali si esprime l'inconscio sono:

La prossemica (posizione del corpo nello spazio), la cinesica (movimenti del corpo), la paralinguistica (uso della voce al di fuori dei significati logici), la digitale (toccamenti tra le persone che comunicano). L'insieme di questi canali è detto sistema energetico.

Il nome è presto spiegato, poiché l'inconscio a differenza della mente razionale, vive di emozioni e l'emozione è uno stato di tensione, una sorta di energia di cui la parte emotiva si nutre.

Le emozioni hanno un linguaggio specifico e universale ed accessibile a tutti.

Esistono tre livelli emotivi che sostengono la comunicazione non verbale:

- lo scarico tensionale
- il gradimento analogico
- il rifiuto analogico.

LA PROSSEMICA

La prossemica studia la gestione degli spazi.

Quante volte è capitato di trovarci in ascensore con altre persone e lo stato di tensione diventa insopportabile, tanto da dilatare la reale percezione del tempo di permanenza in ascensore e quei pochi secondi sembrano infiniti?

L'atteggiamento che adottiamo è quello di guardare per aria, oppure guardare la pulsantiera, senza mai approcciarsi ai presenti.

Viviamo questo momento come una sorta di minaccia, uno stato tensionale.

Se dovessimo analizzare con la mente razionale questa situazione, non riusciremmo a trovare una giustificazione plausibile, poichè si tratta di una reazione spropositata alla situazione, invece per l'inconscio la percezione dello spazio segue delle regole legate al grado di tensione che la distanza provoca.

E' chiaro che le distanze le viviamo in maniera inconsapevole.

Solitamente una distanza neutra tra le persone è di 80 cm, superati i quali si hanno delle reazioni di rifiuto o di gradimento.

La distanza da zero a 50 cm è considerata intima ed è riservata solo alle persone che consideriamo tali.

Da 50 cm a 120 cm è una zona con cui parliamo agli amici;

la distanza che va dai 120 cm a 2 m, è quella che tilizziamo in un rapporto formale (es. il nostro capo a lavoro) ed infine la distanza pubblica, come in un aula magna o in un comizio.

La prossemica ci informa se al nostro interlocutore siamo graditi oppure rifiutati.

Se durante un conversazione riduciamo la distanza sotto gli 80 cm e l'interlocutore indietreggia con il corpo, vuol dire che dobbiamo allontanarci poiché stiamo creando nell'altro troppa tensione e ci sta rifiutando, in sostanza non siamo ancora riusciti a stabilire un rapporto empatico.

Se però la risposta è quella di avvicinamento del corpo dell'altro, vorrà dire che per l'inconscio siete graditi e quindi la vostra comunicazione sta diventando efficace.

L'avvicinamento e l'allontanamento spaziale rappresenta uno stimolo affettivo che riflette il vissuto personale dell'altro.

In un solo istante l'inconscio racconta qual è stata la sua storia di neonato o di bambino.

Se da bambino ha vissuto una oppressione da parte dei propri genitori, l'interlocutore amerà essere libero e si allontanerà, cioè il suo corpo andrà indietro, al contrario, se il genitore è stato assente, l'inconscio gradirà avvicinarsi.

E' ovvio che bisogna stare sempre attenti su quali argomenti l'interlocutore si avvicina o indietreggia.

Qualche volta gli spostamenti sono appena accennati, ecco perché bisogna essere attenti e allenarsi a riconioscere questi segnali.

Avremo sempre un feed back costante sull'incisività delle nostre argomentazioni.

Se qualcosa cambia mentre parlate, la postura da chiusa diventa aperta, ad esempio mette le braccia lungo il corpo, o da seduto appoggia i gomiti sulle ginocchia o viene in avanti con il busto o avvicina la sedia verso di voi, vuol dire che la strada è quella giusta.

LA CINESICA

Studia i movimenti del corpo, si essenzializza attraverso i gesti di tutto il corpo: mani, braccia, busto, gambe, piedi.
Bisogna dividere il corpo in due parti: superiore che va dal capo alla vita e si riferisce al bisogno affettivo sentimentale; inferiore, va dal bacino ai piedi riguarda l'esigenza passionale sessuale.

Esempi: mentre parlo e sono seduto, istintivamente prendo un oggetto e lo allontano, vuol dire che non mi piace ciò che sto pensando o cioò che l'altro sta dicendo; al contrario, quando avvicino un oggetto, quell'argomento mi piace. Un altro esempio è togliere un pelucchio dalla giacca. La mia parte emotiva sta dicendo che quell'argomento mi crea tensione che vorrebbe allontanare tale pensiero. Se ci fate caso succede anche quando non ci sono pelucchi da togliere. Posso raccontare una storia e mentre la racconto sospiro o raschio la gola.

Il sospiro è una sorta di rimpianto che ci dice: "tutto ciò che poteva essere e non è stato".

Il raschiamento si riferisce all'assioma:"chi raschia non rischia, chi rischia non raschia".

Posso parlare di una persona inserendo un dito nell'orecchio, significando che quella persona per me è attraente; ma a livello passionale sessuale sto vivendo un momento di disagio.

LA PARALINGUISTICA

Riguarda l'uso della voce al di fuori del significato logico delle parole: l'intensità del tono, i suoni, la velocità con cui viene emesso un suono. L'insieme di tutti i suoni e i rumori: tamburellare con le dita, sbuffare, schiarire la voce, sospirare, battere I piedi.
Un interlocutore che parla in maniera lenta, non modificando il tono di voce, perde rapidamente l'attenzione di chi lo ascolta.

Pensate invece al comico che utilizza la voce modulandola, utilizza la mimica facciale, lo spazio andando avanti indietro, aumenta e diminuisce il tono della voce, così che cattura l'attenzione del pubblico.

Così quando volete sottolineare un concetto è necessario saper modulare il tono. Anche i silenzi servono a dare più enfasi alla comunicazione.
Ricorda che la menzogna di chi hai di fronte si manifesta attraverso un cambiamento di tono improvviso, diviene più stridulo ed è accompagnato da scarichi intenzionali.

LA DIGITALE
È il canale della comunicazione non verbale che si esprime con i vari toccameti che l'individuo può fare su se stesso o sugli altri.

Il contatto fisico può provocare molta tensione, mentre un toccare motivato allevia la attenzione.
Dare la mano, toccare la spalla, toccare il gomito, prendere qualcuno a braccetto sono gesti che esprimono significati. Allo sfiorare di una mano o di un braccio l'altro può ritrarsi o sottrarsi, al contrario può accettare un comportamento e ricambiarlo.

TUTTO CIO' CHE NON E' VERBALE PRODUCE EMOZIONE

Pruiriti, grattamenti, modifica della postutra, contrazioni muscolari, suoni, sono classificati come scarichi tensionali.

Sono movimenti molto comuni che si manifestano in varie zone del corpo e assumono un significato anche a seconda della zona del corpo dove si manifestano.

Durante una conversazione è possibile che la stimolazione emotiva prodotta dal contenuto del discorso produca un mutamento neuro fisiologico, nello specifico una vaso-dilatazione periferica data da una maggiore irrorazione sanguigna.

Il prurito provocato dalla vasodilatazione è spontaneamente alleviato dal grattarsi

A seconda della parte del corpo in cui si manifesta il prurito, possiamo, in tempo reale, quantificare il grado di tensione del nostro interlocutore

Più il prurito si manifesta vicino alla zona del naso e maggiore sarà la tensione procurata all'interlocutore.

Così come di seguito specificato dalla figura del manichino.

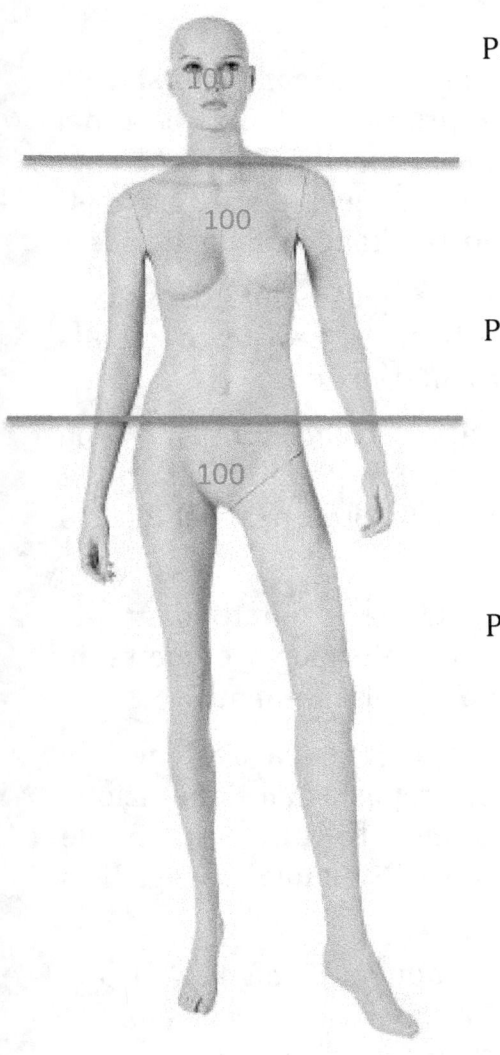

Problema di coscienza

Problema di libertà

Problema di sogno

GLI SCARICHI TENSIONALI SONO IL RISULTATO DI UN MECCANISMO NEUROFISIOLOGICO

Durante una conversazione possono manifestarsi degli scarichi tensionali, come i pruriti su diverse parti del corpo oppure un'altra azione è quella di incrociare le braccia; quando manifestiamo questi atteggiamenti vuol dire che ciò che stiamo ascoltando ci infastidisce.

Quando facciamo azioni come queste, infatti, stiamo reagendo ad uno stimolo provocato dalla conversazione con il nostro interlocutore.

Il pruirito può manifestarsi poiché sentiamo una parola oppure un commento non gradito dalla parte inconscia o addirittura la sola presenza del nostro interlocutare ci crea disagio

Sembrano gesti insignificanti ma in effetti dietro le quinte il nostro sistema neurofisiologioco mette in moto un meccanismo di difesa molto raffinato.

Tali reazioni sono provocate da una regione del cervello detta Amigdala, preposta all'elaborazione della sfera emotiva. Essa è una struttura primordiale nata per proteggere l'uomo mettendolo in fuga da situazioni di pericolo.

Quando arriva lo stimolo emotivo, l'amigdala fa una valutazione generica e grossolana, ricerca nei suoi file qualcosa che somiglia allo stimolo ricevuto e innesca una reazione. L'individuo, a questo punto, dovrebbe fuggire dalla situazione-stimolo, ma la fuga risulterebbe essere una risposta spropositata rispetto alla situazione.

Lo stesso stimolo eccita una struttura più raffinata del nostro cervello, la corteccia prefrontale, che dà la giusta valutazione della situazione in cui ci troviamo e inibisce l'azione dell'amigdala.

Tutto si svolge in frazioni di secondi.

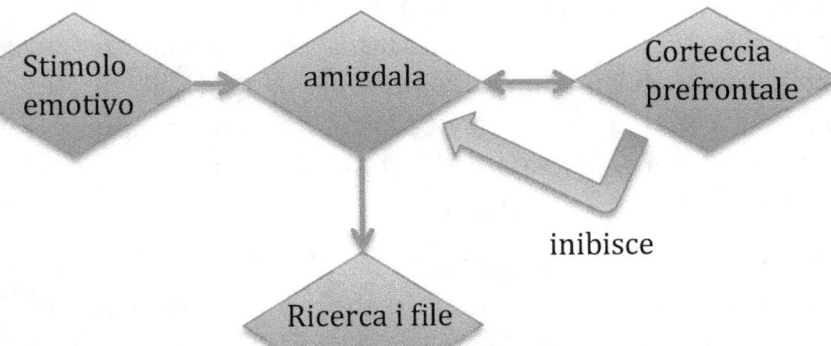

La corteccia prefrontale non inibisce del tutto l'azione dell'amigdala e di conseguenza si hanno questi scarichi tensionali.

Quante volte è successo di trovarci in una situazione di tensione e di voler scappare da una situazione e invece di andare assumiamo semplicemente una postura di fuga, come portare il corpo in avanti su di una sedia o dirigere il piede verso l'uscita, oppure raschiare la voce, questi innocui scarichi tensionali sono dovuti all'inibizione della corteccia prefontale sull'amigdala.

I meccanismi che si innescano non finiscono qui.

Se viviamo una situazione stressogena oltre all'amigdala e alla corteccia prefrontale viene attivato il sistema nervoso autonomo ed in particolare quello simpatico.

Quando, per esempio, dobbiamo sostenere un esame o viviamo un'emozione forte, il cuore batte più velocemente, aumentano gli atti respiratori, aumenta la pressione saguigna..

Se siamo coinvolti in una situazione di piacere passionale – sessuale, oppure di fronte al cibo, interviene un'altra struttura dell'ipotalamo, in particolare il nucleo accumbens, che utilizza un neurotrasmettitore: la dopammina che regola i comportamenti sessuali e quelli alimentari e ci fa vivere sensazioni di piacere.

In sostanza, quando esprimiamo atti di piacere, come passarsi le mani tra i capelli o mettersi un dito vicino alla bocca, oppure fare un linguino o un bacio analogico, sappiamo per certo che tale circuito è stato attivato.

Decifrare il significato di tali gesti, che siano di rifiuto o di gradimento non è facile; sappiamo per certo che è l'inconscio a innescare lo stimolo e a dirigere questi fenomeni.

- L'epicentro dello scarico tensionale è il naso, perché molto innervato.
- Il grattamento ci dice che abbiamo toccato un argomento significativo per l'interlocutore.

E' intuitivo che scelga le aree più direttamente connesse alla percezione, cioè a quelle che risiedono nel capo: naso, occhi, bocca , orecchie

Significati dei segnali Tensionali

Grattarsi il viso: l'argomento trattato crea tensione

Grattarsi la fronte c'è un'idea ricorrente

Grattarsi la nuca: indica una frustrazione.

Grattarsi le labbra: è una tensione gradevole.

Grattarsi gli occhi: "Tutte le lacrime che non ho pianto" in segno di dispiacere.

Grattarsi una zona del petto ha un valore affettivo- sentimentale

Grattarsi il collo: ansia o angoscia

Grattarsi il lobo dell'orecchio: interesse passionale-sessuale

Grattarsi la zona ascellare: sensibile al denaro.

Grattarsi dietro la schiena: indica diffidenza.

Grattarsi il palmo della mano: soldi da ricevere.

Grattarsi il dorso della mano: soldi da dare

GRADIMENTO ANALOGICO

Bacio analogico

Linguino

Mordicchiamento del labbro

Accarezzamento delle labbra

Passare la lingua all'interno della guancia.

Alzarsi i capelli per scoprire nuca e orecchie.

Spostare i capelli dietro l'orecchio

Giocare con gli oggetti

Ridere andando in avanti
Oscillazione del corpo in avanti

Altri esempi di gradimento:

-Apertura delle braccia o delle gambe accavallate
-Avvicinamento degli oggetti verso il corpo su di un tavolo
-Spostamento del busto in avanti
-Oscillazione del corpo in avanti
-Portare alle labbra un oggetto, tipo penna, matita ecc.
-Suzione delle dita
-Toccarsi la cravatta
-Scoprire le braccia
-Accarezzarsi i capelli

Bisogna insistere sugli argomenti che hanno provocato tali atti di gradimento, esprimendo giudizi positivi

Esempi di gradimento

- Marco: "hai notato come veste male la signora della reception"
- Francesco: "non piace neanche a me"
- Ma intanto Francesco oscilla il corpo in avanti e si passa la lingua velocemente sulle labbra.
- Francesco con le parole è d'accordo con il suo collega, ma la parte emotiva dice tutto il contrario;
- Importante, a questo punto, avere compreso che Francesco vive un momento della sua vita non appagante nella sfera passionale-sessuale
- Quali, secondo voi, potrebbero essere gli argomenti da affrontare con Francesco?
- Sicuramente quelli passionali-sessuali, non in maniera diretta e neanche facendo capire a Francesco che il messaggio è stato chiaro; bensì condividendo, magari parlando di se stessi, inventandosi delle proprie difficoltà nella sfera passionale- sessuale, facendo in modo che si confidi con te, chiaramente prestandogli attenzione e non ergendosi a consigliere.
- Sicuramente diventerete per il suo inconscio un simbolo, acquisirete così grande potenziale.

SEGANLI ANALOGICI DI RIFIUTO

Sfregamento della punta del naso con il dito da sinistra a destra

Toccarsi il naso partendo dalla base.

Toccarsi il naso con il pollice e l'indice.

Chiusura delle braccia

Portare le mani sui fianchi

Togliere da dosso un pelucchio, pulirsi, spolverarsi

Oscillare il corpo indietro
Altri esempi di rifiuto:
-Allontanare gli oggetti dal proprio corpo
-Spazzolare le briciole sul tavolo mentre si sta chiacchierando.
-Arretrarsi con il busto da seduto
-Chiusura e accavallamento delle gambe

ESEMPI DI SEGNALI DI RIFIUTO

- Siamo stati bene oggi! Abbiamo trascorso una bellissima giornata e intanto allontana un oggetto da se stando seduta al tavolo.
- "Prego si accomodi, mi dica" e intanto incrocia le braccia: Attenti a quello che direte, perché il vostro interlocutore non è ben disposto ad ascoltare.

Il rifiuto ci dice che non appaghiamo l'esigenza del nostro interlocutore e ci suggerisce che è meglio cambiare argomento.

LA REGOLA DA SEGUIRE

Amplificando il "difetto" del nostro interlocutore, diventeremo simbolo per il suo inconscio.

Come faccio ad amplificare un difetto o il turbamento dell'interlocutore?

- Possiamo parlare del più e del meno con il nostro interlocutore affrontando i punti distonici dell'uomo, gli argomenti sono i seguenti:
- Famiglia d'origine
- I rapporti affettivo-sentimentali
- Autorealizzazione passionale-sessuale
- Autorealizzazione professionale
- Disturbi dell'emotività e del comportamento

Qualche esempio:

"Mi scusi se sono venuta in ritardo" - pausa - "ma ho avuto un contrattempo con mio marito"

- Se l'interlocutore ha un prurito, vive una distonia nel rapporto passionale-sessuale
- Mentre se il soggetto raschia, vive una distonia nel rapporto affettivo-sentimentale e forse anche in quello passionale-sessuale.

COSA FARE IN QUESTO CASO?

Ampliamo l'argomento, non parlando certo di suo marito, ma dei mariti in generale. Se osservate segnali di rifiuto, dovete cambiare argomento o parlare in termini negativi dei mariti. Sicuramente l'interlocutore si sentirà coinvolto e comincerà a parlare del suo disagio.

- "Ho la macchina nuova , ma ha tradito le mie aspettative"

- Se osservate un segnale di gradimento sul termine tradito, amplificate l'argomento tradimento, poiché la persona lì vive una distonia, e su tale problematica si coinvolge.

- "Cosa ti attrae di più di quell'individuo?"

- Il fascino e la sicurezza che mostra in ogni situazione"

- Vuol dire che per lei/lui i suoi punti distonici sono proprio quelli.

    Quindi amplifichiamo sempre il "difetto" e diventeremo vincenti con il nostro interlocutore.

IL SIMBOLISMO COMUNICAZIONALE

Ciò che dicono le mani della nostra storia personale:
Asta –Cerchio – Triangolo

Tutti noi possediamo questi tre simboli: Asta, Cerchio, Triangolo.

Ciascuno di essi indica un determinato ruolo comportamentale.

Ognuno utilizza prevalentemente uno di questi gesti.

Il gesto che utilizziamo frequentemente indica le nostre caratteristiche comportamentali, il ruolo che assumiamo in tutti i campi della nostra esistenza e da quali interlocutori emotivamente siamo attratti

COMPORTAMENTO AD ASTA

- Braccio teso
- Tono di voce imperioso
- Corpo proteso in avanti
- Comportamento deciso, autoritario
- Gesto penetrante

- Solitamente è un conflittuale padre:
- Comportamento rimproverante o accusatorio. Deve ricordare l'atteggiamento di guida.

- Osserva cos'è che non va, colpevolizza.

- Utilizza termini come: penetrante, lungo, corto, incisivo, acuto, duro, potente.

- Mostra una gestualità penetrativa, punta spesso l'indice.

- Non offre soluzioni

L'attenzione è strettamente rivolta a se

Come comportarsi con un conflittuale padre?

Sono sicuramente attratti da chi gioca un ruolo protettivo

Il ruolo da assumere è materno, protettivo, dobbiamo utilizzare un tono di voce dolce, non mostrando attraverso i gesti il simbolo Asta o farlo di rado, presentando spesso il gesto a triangolo

Succede spesso che un Capo - Asta valorizza economicamente una segretaria che lo accudisce come una mamma, mentre non dà credito ad un collaboratore molto affidabile e preparato, ma che assume atteggiamenti un po' autoritari

COMPORTAMENTO A TRIANGOLO

- Esprime segni con forma triangolare, gesticolando con mano aperta.

- Utilizza attributi come: larga, profonda, bagnata, grande, abbondante, ampia.

- Il comportamento è protettivo, carezzevole, disponibile alla soluzione, gentile, empatico, avvolgente.

- Ama discutere in modo pacato, creare rapporti, argomentare, accomodante

- Si sostituisce all'altro per risolvere problemi e collabora con l'altro aiutandolo.

Come comportarsi con un conflittuale- madre?

Si può conquistare con un atteggiamento ad asta, impositivo, col dito puntato, cioè con quell'atteggiamento complementare alla sua conflittualità.

- *Quante volte avete sentito o fatto commenti del genere: "Una persona così brava come fa a essere attratta e a stare insieme con un individuo così autoritario e che la maltratta?"*

- *Qualcuno risponderebbe che l'amore è cieco, io dico che l'inconscio ci vede bene.*

Perché diventiamo conflittuale padre o madre?

Ogni persona è attratta da chi mostra gli stessi atteggiamenti che il genitore conflittuale ha adottato con il soggetto.

Esempio: un conflittuale padre è tale perché l'idea di padre ideale (il padre è chi detta le regole, provvede al sostentamento economico della famiglia, svolge un ruolo autoritario) non corrisponde al padre reale; egli ritiene che il padre si sia comportato con lui in maniera troppo protettiva, quindi non convenzionale, lontano dall'idea ideale dell'archetipo paterno. Il suo comportamento sarà di incarnare l'idea ideale di padre, assumendo atteggiamenti autoritari. E' come se dicesse al proprio padre: "Adesso ti dimostro io come si fa il padre".

Il paradosso è che lui sarà attratto istintivamente da persone che hanno lo stesso atteggiamento protettivo del padre.

Lo stesso meccanismo avviene per i conflittuali-madre e per gli ego.

Il soggetto non giudica il proprio genitore, ma semplicemente il modello che il proprio genitore propone.

COMPORTAMENTO CERCHIO

- Utilizza una gestualità a cerchio

- E' la persona iperlogica, che spiega, che insegna, che ha sempre qualcosa da dire.

- Che utilizza le mani come per pinzare

- Utilizza termini come: circondare, stringere, termini che danno l'idea di contenere.

- Ha un comportamento indicativo: dovresti fare in questa maniera.

- Lascia che ti spieghi, mi sento di darti un consiglio....

- Indica la strada da intraprendere ma non interviene in aiuto in maniera concreta.

- E' la tipologia più diffusa, e ne sottende sempre un'altra asta o triangolo

- Come comportarsi con un conflittuale Ego?

E' una tipologia complessa, essendo iperlogica vuole un interlocutore razionale in grado di tenere testa ai sui ragionamenti.

Solitamente mansueto, ma la sua vera natura, si può capire quando è sotto stress, si aggancerà alla complementarietà, cioè Asta/triangolo oppure Triangolo/Asta.

Non è semplice da decifrare, ma il consiglio è: durante una conversazione proponete tutti e tre i gesti e vedete su quale gesto l'interlocutore mostra segnali di gradimento.

Fate caso al modo di stringere la mano a mano è utilizzata a cerchio, la stretta è a tenaglia, c'è uno spazio tra i due palmi.

- La mano è utilizzata a triangolo, quando il palmo della mano tocca l'altro palmo.

- La mano è utilizzata ad asta quando il movimento diventa penetrante, incisivo.

Riassumendo per ottenere assenso e consenso

- **Se il nostro interlocutore è asta io dovrò assumere un atteggiamento down**

- **Se il nostro interlocutore è triangolo io dovrò assumere un atteggiamento up.**

DISTONICI DELL'ESSERE E DELL'AVERE DUE TIPI DI STRUTTURA CARATTERIALE

Se avete un appuntamento con un distonico dell'essere, potete tranquillamente arrivare in ritardo.

Nell'attesa il distonico si caricherà di desiderio

Se avete un appuntamento con un distonico dell'avere dovete essere puntuali, anzi possibilmente in anticipo

Chi sono i distonici dell'essere?

- Assumo spesso un ruolo down
- Sono privi di senso pratico
- Offrono affetto
- Hanno poca autostima
- Si coinvolgono nell'attesa, nel desiderio
- Solitamente pongono ostacoli per raggiungere i loro obiettivi,
- uniscono il futile all'inutile
- Restano in ascolto
- Tendono alla staticità
- Sono riservati
- L'essere vive spesso un inquietudine di fondo
- Prevalgono in loro i sensi di colpa

Come diventare simbolo con il distonico dell'essere?

- Sicuramente una delle prime strategie è farlo aspettare, se lui ti chiede un appuntamento, lo si deve rimandare, scusandosi certamente, affermando che non vi è possibile riceverlo prima di un tot di giorni

- SI pongono ostacoli nel far raggiungere l'obiettivo; questo può accadere anche verbalmente: "Fare quel lavoro non è cosa semplice! Ma sono convinto che anche se ci vorrà un po' di tempo, ci riuscirai!"

- **Chi è il distonico dell'avere?**

- Attribuiscono agli altri la responsabilità delle cose

- Amano possedere

- Non riescono a vivere il desiderio

- Occupano spesso un ruolo Up.

- L'avere propone e l'essere dispone

- Rendono facile il difficile

- In essi prevalgono il rancore e i risentimenti.

- Ricercano il possesso e quando l'hanno raggiunto, non sono soddisfatti.

- Non si mettono mai in discussione

- Soffrono di senso di superiorità.

Come diventare simbolo con un distonico dell'avere

- Se avete con loro un appuntamento di lavoro bisogna arrivare in anticipo e se gli lasciate il vostro recapito diteglipure : "Mi può chiamare quando vuole, le lascio il mio numero personale"

- Assumete un ruolo down

- Comportatevi in modo materno, perché a differenza del distonico dell'essere, l'avere offre il sesso ma per ottenere affetto.

ABITUATEVI A STIMOLARE L'EMOTIVITA' DEGLI ALTRI, PER CARPIRE INFORMAZIONI

Provate a chiede a vostro marito o vostra moglie come va sul posto di lavoro; provate a chiedere ai vostri figli com'è andata l'interrogazione, a un amico come è la sua vita sentimentale e state ad osservare... Capirete molto di più adesso di come vanno in realtà le cose.

EMOZIONE E MALATTIA

La nostra parte emotiva detta le regole del nostro vivere. Ma cos'è una emozione?

La parola "emozione" deriva dal latino e- movere, che significa smuovere, portare da dentro a fuori.

Le emozioni sono delle reazioni psicofisiche attivate da stimoli esterni, oppure interni al corpo, che sviluppano una serie di reazioni neurofisiologiche nell'individuo mentre recepisce, elabora e risponde a date situazioni ed eventi.

Rappresentano un'esperienza soggettiva di una certa intensità, cui seguono modificazioni a livello vegetativo (fisiologico e viscerale) psichico e somatico.

Le reazioni fisiologiche investono anche le funzioni vegetative, come la circolazione, respirazione, digestione e la tensione muscolare. Un'emozione può essere buona o brutta, provocare piacere o dispiacere, insomma non è mai neutra.

Quando, ad esempio, viviamo un'emozione come la paura, accadono determinate reazioni, come l'aumento del battito cardiaco, aumento degli atti respiratori, reazioni viscerali, blocco neuro-motorio (quando non riusciamo ad agire), in pratica si verifica una perdita momentanea del controllo neurovegetativo, con conseguente incapacità temporanea d'astrazione del contesto emozionale. Le reazioni psicologiche si manifestano come riduzione del controllo di sé, difficoltà ad articolare logicamente azioni e riflessione, calo della capacità di metodo e di critica; che la filosofia analogica definisce come mancanza di "Strategie e Tattica".

L'emozione è una catena complessa di eventi, in cui cognizione, sensazione e modificazione fisiologica possono essere sia il punto d'inizio sia di fine della sequenza. L'interazione tra questi fattori può modificare la percezione della realtà esterna e interna di un individuo.

Quando viviamo una situazione di non serper più "gestire" le nostre emozioni, diventiamo stressati e lo stress, se prolungato nel tempo, può provocare ricadute sullo stato fisico, il corpo può ammalarsi.

Che cosa avviene a livello neurovegetativo in uno stato di stress?

Avviene un complesso scambio d'informazioni e di modificazioni chimiche rispetto ad uno stato di quiete del soggetto.

In condizioni normali l'organismo risponde alle sollecitazioni con l'attivazione dell'asse ipotalamo-ipofiso – surrenalico (HPA); l'ipotalamo, mediante il corticotrophin-relesing ormone CRH, stimola l'ipofisi a produrre ACTH, il quale agisce sulla corticale del surrene, che reagisce con un aumento di cortisolo, l'ormone fondamentale dello stress.

Nella vita normale, quindi, lo stress ha una funzione adattiva rispetto alle sollecitazioni di molti stimoli fisici, emotivi, psicosociali, metabolici ecc; questi stimoli sono capaci di modificare le omeostasi interna dell'organismo.

Nel 1936 H. Selye definì lo stress come "la risposta specifica dell'organismo ad ogni richiesta effettuata su di esso". Lo stress era visto come una reazione normale, come l'essenza della vita. Selye dice, infatti, che "noi non possiamo evitare lo stress ma possiamo incontrare lo stress in modo efficace e trarne vantaggio imparando di più sui suoi meccanismi ed adattando la nostra filosofia dell'esistenza ad esso" (Selye, 1974, 1975).

In condizioni particolari, invece, lo stress diventa un fenomeno patologico perché le richieste ambientali vanno oltre le reali capacità di adattamento dell'individuo, determinando una maggiore vulnerabilità allo sviluppo di malattie.

Quando si vive una situazione stressogena, l'ipotalamo è stimolato a secernere l'ACTH e gli ormoni corticosteroidi.

Questi producono involuzione del Timo, atrofia dei linfonodi, inibizione delle reazioni infiammatorie e ulcere gastroduodenali.

J.W. Mason (1975) teorizzò che la reazione da stress è mediata costantemente da un'eccitazione di tipo emozionale e che ogni individuo risponde in modo diverso e con diversa intensità alle emozioni.

Nel 1966 Lazarus, studioso di impostazione

psicologica, aveva messo in rilievo l'importanza della valutazione cognitiva soggettiva degli stimoli al fine dell'attivazione emozionale, così da introdurre il concetto di "stress psicologico".

Al vissuto emozionale soggettivo sono correlati processi di attivazione somatica a livello del sistema nervoso centrale, del sistema nervoso vegetativo e del sistema endocrino e ogni individuo risponde alle emozioni apprendendo degli schemi di stimolo-risposta emozionale fisiologica che agiscono inconsapevolmente.

Questi schemi "vengono impressi sotto forma di memoria emozionale a livello del sistema limbico-ipotalamico" (Pancheri, 1979).

Le azioni degli stimoli stressanti possono essere controbilanciati da un adeguato funzionamento delle difese psicologiche, da una consapevole conoscenza dei propri vissuti emotivi e dal sistema neuroendocrino.

Quest'ultimo rappresenta la connessione tra il sistema nervoso e le strutture somatiche periferiche.

E' ampiamente dimostrato che il sistema nervoso

vegetativo è sensibile a situazione e stimoli emozionali stressanti non solo di tipo fisico o psichico, ma anche di natura puramente emozionale.

Nelle persone che hanno subito un trauma, ad esempio la perdita di una persona cara, un esame da sostenere, un intervento chirurgico a cui sottoporsi, la separazione da un coniuge, si è rilevato un aumento di ACTH (ormone adrenocorticotropo) di cortisolo, di catecolammine (adrenalina, noradrenalina, dopamina) di ormone della crescita e anche di prolattina.

Significa che l'incapacità emotiva ad affrontare eventi stressanti contribuisce alla formazione di uno schema emozionale di risposta disfunzionale.

Tale condizione, se protratta nel tempo, causa l'abbassamento delle difese immunitarie e la probabilità di insorgenza di una condizione di malattia. Un ruolo fondamentale in questa nuova visione di funzionamento umano è legato alla scoperta dei Neuropeptidi, che ha rivoluzionato il modo di percepire e di capire le funzioni del sistema nervoso e le correlazioni tra questo organo e gli altri apparati.

Pancheri affermò "che sono state trovate le parole e le frasi della comunicazione tra cervello e il resto del corpo".

"I neuropeptidi e i loro ricettori si uniscono al cervello, alle ghiandole e al sistema immunitario in una rete di comunicazioni tra cervello e corpo, rappresentando probabilmente il substrato biochimico delle emozioni".

I neuropeptidi sono piccole molecole di natura proteica che, liberate dalle cellule nervose in risposta a uno stimolo, mediano o modulano la comunicazione neuronale legandosi a specifici recettori di superficie. Una volta rilasciati nella giunzione sinaptica, i peptidi attivi possono comportarsi da veri neurotrasmettitori, oppure agire da neuromodulatori, condizionando la neurotrasmissione attraverso la liberazione di trasmettitori di tipo rapido. Dopo essersi legati ai propri recettori specifici, i neuropeptidi danno inizio alla cascata di eventi biochimici che porta alla stimolazione o all'inibizione cellulare.

La loro azione è simile a quella degli ormoni, si può esplicare sia sul sistema nervoso sia sugli organi periferici, cosicchè comparti diversi del corpo umano funzionano con le stesse sostanze. I Neuropeptidi sono prodotti anche dalle cellule immunitarie.

L'informazione tra apparati pertanto, è bidirezionale e non viaggia solo dal cervello alle cellule deputate alla difesa immunitaria, ma da queste al cervello, così come dal cervello alle cellule endocrine e viceversa.

Il sistema immunitario essendo molto sensibile allo stress, risulta avere sull'organismo un effetto immunodepressivo.

In sostanza, la mancanza di gestione delle emozioni in un tempo prolungato, cambia i meccanismi neurofisiologici di difesa del normale funzionamento del nostro corpo, perché si verifica un indebolimento della risposta immunitaria intervenendo direttamente sull'asse CRH-ACTH- cortisolo e alle sostanze secrete dalla surrene (adrenalina, noradrenalina e dopamina).

Queste fungono anche da stimolo per incrementare la produzione di CRH da parte dell'ipotalamo il cui bersaglio principale sono le cellule Natural Killer le quali hanno il compito fondamentale di distruggere le cellule infettate da virus o cellule tumorali.

VERSO UNA NUOVA PERCEZIONE DELLA MALATTIA

Sono passati molti anni, dal superamento del dualismo cartesiano, molte discipline hanno affrontato e messo in evidenza lo stretto legame tra psiche e corpo, ed anche la medicina tradizionale, che è sempre stata schiva rispetto a questa concezione dell'uomo, sta facendo dei timidi passi verso il considerare l'essere umano dotato, oltre che da una parte razionale, anche dall'inconscio, che rappresenta la parte emotiva.

Ricerche e ricercatori di primissimo piano hanno mostrato il legame diretto tra variabili psicologiche, in particolare di natura emozionale e malattie somatiche, fino ad arrivare a una nuova branca della moderna medicina, la Psico - Neuro-Endocrino-Immunologia (PNEI) che definisce la malattia come una alterazione dell'equilibrio e della comunicazione tra il sistema nervoso, endocrino e immunitario.

Christian Boukaram è medico oncologo e professore universitario di neurologia a Montréal, in Canada. Ha conseguito un dottorato e una specializzazione in radiochirurgia ed è esperto di fisica nucleare e neuropsicologia. Primario del dipartimento di Radiochirurgia all'ospedale Maisonneuve-Rosemont, centro affiliato all'Università di Montréal, è anche co-fondatore dell'organizzazione Croire, che offre supporto psicologico ai malati di cancro. La ricerca del dottor Boukaram è interessata a migliorare la cura dei pazienti attraverso un approccio multidisciplinare.

Nel suo libro, "Il potere anticancro delle emozioni", Boukaram afferma che vedere la malattia solo da un punto di vista fisico non è sufficiente, non lo è nemmeno se si aggiunge la variabile dell'ambiente. C'è un nesso mancante che concerne la sfera psichica. "Gli studi indicano che i pensieri, le emozioni, la personalità, lo stile di vita e l'ego sono fattori molto importanti nella comparsa e nella gravità della malattia". Egli dice. "Il sistema immunitario funziona benissimo quando ci sentiamo in equilibrio, mentre un periodo prolungato di stress, di lutto, o di depressione... è come se lasciassero la porta aperta agli intrusi". Si è visto in tanti esperimenti. In uno in particolare, hanno iniettato dell'adrenalina, l'ormone dello stress, in animali malati di tumore. Con questa sostanza acquisivano la capacità di aumentare in modo spettacolare, fin a 30 volte, l'aggressività della malattia e la comparsa di metastasi. D'accordo, si tratta di animali - e sarebbe moralmente eccepibile fare una sperimentazione del genere sugli uomini. Tuttavia è un esempio che fa riflettere. Senza cadere nella trappola del pensiero magico, uno stato mentale può avere un certo effetto sull'insorgenza o l'andamento della malattia? "Sì, la depressione per esempio può avere un ruolo, anche se non certo l'unico", dice Giovanna Gatti, senologa dell'Istituto Oncologico Europeo e scrittrice. "Ascolto le donne che arrivano da me con un tumore al seno, e sono tante: chissà come, nei mesi o pochi anni precedenti la diagnosi trovo sempre un lutto, un trauma, un grande dispiacere. E un conseguente stato depressivo più o meno riconosciuto. Un caso? Alcuni studi per la verità esistono, molti colleghi hanno già dimostrato che esiste una relazione tra depressione e insorgenza del tumore.

Aggiunge Goldhirsch: "Il nostro sistema immunitario risponde agli impulsi emotivi e non solo a quelli: è noto che uno stato depressivo può inibirlo, cioè ridurne temporaneamente l'efficacia". Oppure lo stress "potrebbe influenzare i ritmi del sonno e magari spingere il paziente a bere o a fumare, a smettere di fare del movimento fisico e tutto questo potrebbe ulteriormente danneggiare lo stato di salute", dice Boukaram. Inoltre sostiene che un modo per prevenire o controllare il cancro passa attraverso il controllo della paura. Il saper ascoltare le proprie emozioni.

Dice Gatti: "Sì. Non sarei un medico completo se dimenticassi di aiutare le pazienti a indagare su se stesse e a ristabilire un equilibrio". Continua: "Ascoltarsi, conoscersi, regalarsi tempo. Il tempo per se stessi è ormai quasi assente nel quotidiano di tutti, ed è un male. Dovrebbe essere obbligatorio, insegnato nelle scuole: minimo un'ora al giorno solo per nutrire l'anima (o la psiche o le emozioni, scegliete voi)". Fare la guerra (per usare una brutta espressione) alle cellule cancerose non basta.

Ascoltare le proprie emozioni è quindi parte della terapia, nel senso che aiuta a comprendere cosa doni equilibrio e cosa no. Curare un paziente che si conosce e fa di tutto per restare in equilibrio, per donare a se stesso emozioni positive, ha senza dubbio una probabilità migliore di successo terapeutico. In questo senso i sentimenti positivi sono davvero "anticancro", come ha anche decretato lo scorso giugno la rivista Psycho Oncology (da notare questa nuova branca della scienza, la Psiconcologia presente anche allo Ieo - Istituto Europeo di Oncologia - per aiutare i pazienti lungo il percorso della cura) in un lungo articolo intitolato Mind matters in cancer survival. "Certo, l'influenza della mente è difficile da misurare scientificamente, proprio perché parliamo di una cosa soggettiva, ma trovare un significato alla propria vita e alla malattia aiuta moltissimo", dice Boukaram. "Il cancro non è un fallimento - nemmeno la morte lo è - ma una difficoltà e può essere l'occasione per lavorare su di sé e riconnettersi al proprio centro". Ci sono guarigioni che hanno del "miracoloso", come quella dello psichiatra David Servan-Schreiber che, grazie a un metodo di cura alternativo basato su sport, alimentazione povera di carboidrati bianchi e meditazione, è sopravvissuto 21 anni a un grave tumore al cervello. "Personalmente in ospedale ho assistito a tanti casi di malati gravi che hanno prolungato la loro vita perché volevano assistere a un evento felice come la nascita di un figlio dice Boukaram. "Le emozioni aiutano tanto quanto le terapie", conclude Gatti. "Non significa che un paziente per guarire debba ridere per forza: emozione positiva è anche elaborare e conoscere se stessi, perdonarsi e perdonare. La creatività per esempio è un modo eccellente per tirare fuori le emozioni senza che facciano troppo male: scrivere, dipingere, recitare... Ogni metodo creativo può essere buono. Tirare fuori l'emozione e non lasciarla nascosta in fondo a noi, dove può fare molto male". È d'accordo anche Goldhirsch. "Le terapie più avanzate ed efficaci possono solo una parte del trattamento, la cosiddetta "compliance", cioè l'adesione e collaborazione del paziente, che è necessaria. E la compliance ha bisogno di emozioni positive, di uno scopo per vivere. Difficile che il paziente oncologico abbia sentimenti positivi, ma gli sforzi di chi cura devono essere volti anche a ristabilire nei pazienti la consapevolezza del sé, il gusto della vita , l'amore.

Un'altra considerazione va fatta: come mai un soggetto si ammala ad un età, che è sempre soggettiva chiaramente e come ha fatto ad essere sano fino al momento in cui è sorta la malattia? Qualcosa è successo nella vita del soggetto. Come dice Stephen Gilligan, probabilmente l'insorgenza di un trauma emotivo provoca un "blocco neuro-motorio", che rende silente ogni altra emozione del quotidiano, in sostanza le altre emozioni positive non superano il "valore di soglia" perché possano essere significative per l'inconscio.

Chissà quanti anni ancora passeranno per capire e decidere che l'uomo va "educato e curato nell'anima", e che la parte dell'Io bambino, cioè l'inconscio, qualche volta va metaforicamente preso in braccio ed ascoltato e che se si "ammala l'anima", il corpo si ammala con essa.

La malattia quindi è un messaggio rivolto alla parte razionale che l'inconscio mette in atto per comunicare il malessere vissuto dalla parte emotiva, ma nella maggior parte dei casi non è colto dalla mente razionale.

Sicuramente una tecnica adeguata ai nostri tempi così frettolosi è l'ipnosi dinamica, veloce nel curare le cause del nostro malessere emotivo.

L'ESPERIENZA PERSONALE

Aver vissuto le vicende e il dramma della malattia di mia madre, mi ha indotto a comprendere come uno stato di stress, se prolungato nel tempo, possa provocare una malattia così devastante come il cancro. E' necessario che esponga la storia evolutiva e i diversi sintomi che hanno preceduto la scoperta del cancro in mia madre.

Nel 2002 il fratello di mia madre si ammala di leucemia, fratello al quale lei era molto legata e con il quale ha vissuto tutta l'evoluzione della malattia, rimanendo accanto a lui. Dopo quattro anni di cura l'oncologo che curava il fratello, gli prospetta il trapianto di cellule staminali, visto che ormai era diventato chemio-resistente; ma bisognava trovare un donatore compatibile e quel donatore era mia madre.

Nell'aprile del 2006 mia madre dona così le cellule staminali, nella speranza di poterlo salvare, ma non fu così e a novembre dello stesso anno mio zio muore.

Dopo un periodo di tristezza per la scomparsa del fratello, qualche mese dopo, esattamente nella primavera successiva, mia madre inizia ad accusare vertigini, non si reggeva in piedi; portata da diversi specialisti, (otorino, neurologo, ortopedico ecc.), sottoposta ad accertamenti, non risultava nessuna malattia.

Mia madre si era ammalata di tristezza, ne sono certa. Tutto intorno non aveva senso, ogni cosa che le proponevamo era tutto un "NO", non era interessata, come se tutto si fosse fermato a quell'evento e lo stesso avesse reso silente tutto il resto del mondo. Niente poteva essere come prima.

Le proponemmo di farsi seguire dallo psicologo, ma lei non volle farlo, perché diceva di non sentirsi depressa ma solo stressata e stanca. Nuovamente ci recammo da un neurologo, il quale la sottopose a terapia farmacologica, prescrivendole il Daparox da 20 mg., psicofarmaco per gli stati depressivi, uno al dì, mi dissero che a quella età era difficile convincere un adulto a sottoporsi ad una psicoterapia.

Cominciò a stare meglio, ma i suoi tentativi erano di abbandonare la terapia, tanto che per un periodo e senza consultare il medico non ha più preso medicine; periodo durato poco, poiché dopo qualche giorno di non assunzione, cominciò nuovamente ad avere le vertigini e a non stare bene.

Riprese la cura e continuò così la sua vita a fatica. Non era più la donna brillante, che con entusiasmo progettava il futuro di tutti noi e condivideva i nostri progetti.

Qualcosa dentro di Lei si era spezzato, era andata in frantumi la sua anima, quell'anima che paradossalmente ritrovai quando dovette affrontare la malattia.

Qualche anno dopo la scomparsa di mio zio esattamente nel febbraio del 2011, durante una visita di controllo ginecologica, il dottore ci allarmò perché c'era qualcosa che non andava.

Fatte le dovute analisi e la TAC, risultò un Cancro alle tube, tumore molto raro che aveva già intaccato il peritoneo.

Portai le analisi e la TAC da luminari Oncologi che avevano esperienza con questo tipo di malattia, tutti mi dissero: "Mi dispiace è al terzo stadio, ha solo pochi mesi di vita".

Sottoposta a operazione e a sei sedute di chemioterapia , mia madre cominciò la sua battaglia e noi con Lei, pensavo che ogni giorno in più sarebbe stato un giorno regalato.

Mi ripeteva sempre che non pensava di essere amata così tanto e che non le importava di soffrire, l'importante era stare ancore un altro po' con noi, con le sue figlie, con i suoi nipoti e suo marito.

"Soffrire per non morire", questo mi diceva sempre.

Il suo grande desiderio era di vedere i suoi tre nipoti laureati e così è stato, era felice di aver raggiunto il traguardo.

Spesso la sottoponevo a sedute di Ipnosi Ericksoniana, per acquietarla e per calmare i dolori, non conoscevo ancora l'ipnosi dinamica Benemegliana. Solo qualche mese prima del suo decesso mi sono avvicinata allo studio di tale tecnica sperimentandola su di Lei.

Ho potuto farle solo due sedute, attraverso le quali il suo inconscio ha denunciato quando è insorta la malattia e il perché si è ammalata.

Il suo inconscio ha denunciato i sigilli presenti nel problema di sogno, cioè il senso di colpa. Si è sentita in colpa per non aver salvato suo fratello con la donazione delle cellule staminali, ma oltre a questo si è sentita in colpa per non avergli dato adeguato sostegno economico, per lei non era sufficiente ciò che aveva fatto.

Tutto è nato da un problema di coscienza, dove apparve subito chiaro che il rimorso era il sigillo più significativo.

Il rimorso che ha vissuto era quello di aver lasciato sua madre a vent'anni, quando si è sposata ed è andata a vivere a cento chilometri di distanza.

Così la malattia è sorta dopo la morte del fratello, come denunciato dall'inconscio, ma il suo malessere veniva da lontano.

Alla fine della seduta, così come prevede il protocollo della ipnosi Dinamica Benemegliana, ho proposto al suo inconscio il negoziato, chiedendo all'inconscio se era disposto, in nome dell'obiettivo logico prefissato, cioè la sua guarigione, a seguire la modalità di recitare cinque preghiere ogni mattina ed accendere una candela per dieci giorni in memoria di suo fratello. L'inconscio ha accettato il negoziato.

In quella settimana in cui si è sottoposta alla prima seduta di ipnosi Dinamica Benemegliana, il Ca125 Marker tumorale si è ridotto di settecento unità, mentre nella settimana precedente si era abbassato di duecento unità; inoltre, l'ultima seduta di chemioterapia alla quale si era sottoposta, risaliva a quindici giorni prima della seduta d'ipnosi. A questa riduzione dei markers, sia l'oncologo che il biologo non si sono dati una spiegazione, sono rimasti sbalorditi di tale risultato, come se la malattia si fosse fermata, essendo il marcker in questione indice di evoluzione e, cosa ancor più straordinaria, pur in assenza di terapie specifiche, ormai sospese, continuava a calare.

L'ultima indagine effettuata una settimana prima dell'epilogo fatale, le risultanze diagnostiche davano esiti favorevoli al decorso della malattia oncologica. Mia madre è morta per complicazioni cardio-respiratorie, all'alba del diciannove giugno 2013.

Il vissuto di ogni essere umano è condizionato dai sentimenti e dall'amore e nessuno di noi è libero da un condizionamento amoroso genitoriale.

Il sentimento è l'energia propulsiva del nostro vivere, l'amore è la linfa vitale.

I genitori, o chi ha un ruolo genitoriale, non hanno l'intento di rendere infelice il proprio figlio, anzi, poiché preoccupati del suo futuro, vorrebbero sottrarlo da qualsiasi fallimento; ma nel fare ciò non si rendono conto di oltraggiare la dignità del figlio.

Così l'amor proprio, paradossalmente, è l'ultima cosa che viene insegnata ai figli.

Prendersi cura di se stessi, dare dignità alle emozioni, riconoscerle, accoglierle e sostenerle è sicuramente una strada perseguibile per il benessere psicofisico di ogni individuo.

Il sogno, come obiettivo di vita, è un traguardo al quale nessuno dovrebbe mai rinunciare.

Perché nella realizzazione dei propri sogni c'è l'essenza dell'essere umano, la risposta alle domande: sono capace? Riuscirò ad essere autonomo? Qual è il mio talento? Che cosa sono in grado di realizzare? E le risposte sono implicite nella realizzazione del sogno.

I dubbi profetici sono dipanati realizzando i propri sogni.

"La felicità è perseguire i propri sogni, in libertà e in pace con te stesso". Cit. Stefano Benemeglio.

BIBLIOGRAFIA

Archivi storici della Psicologia italiana- internet;

Articolo della Repubblica, *intervista a Dott.ssa Accetta*, 6 ottobre 2012;

Bandler R,, Grinder J., *I Modelli della Tecnica Ipnotica di Milton Erickson,* Astrolabio 1984;

Benemeglio Stefano, *Simboli e Simbolismi*, CID CNV, Milano 1991;

Benemeglo Stefano, *Ipnosi Dinamica*, Sugaro Edizioni, Roma 1979;

Benemeglio Stefano e Benemeglio Andrea, *Il Potere del Gesto*, CISU, Roma 2007;

Benemeglio Stefano e Benemeglio Andrea, *Il Potere del Segno*, CISU Roma 2007;

Dispense relative al master di *Ipnosi Dinamica benemegliana*, Roma 20013;

Della seta L., *Debellare il senso di colpa*, Marsilio 2005;

Freud Sigmund, *L'avvenire di un illusione – Il disagio della civiltà*, Newton Comptan editori, 2010;

P. Pancheri e M. Biondi, *Psicologia e Psicosomatica dei Tumori*, La Goliardica, Roma 1992;

Selye H., trad., *Stress Senza Paura"* Rizzoli Milano, 1976.

SITOGRAFIA

www.accademiaanalogica.com

www.ipnosibenemeglio.com

www.psicologiadonna.it

RINGRAZIAMENTI

Vorrei ringraziare in modo particolare lo straordinario Prof. Stefano Benemeglio che con il suo talento, la sua sensibilità e determinazione ha permesso la scoperta di questa meravigliosa e raffinata tecnica.

Ezia Mitolo amica, straordinaria artista e fotografa.

La mamma di Ester la Prof.ssa Maria Emanuella Romita.

Antonia Merico nata a San Giorgio Jonico, in provincia di Taranto, il 22 agosto 1965. Diplomata all'I.S.E.F di Urbino, Laureata presso l'Università "La Sapienza" di Roma in Terapista della Neuro e Psicomotricità dell'Età Evolutiva. Insegnante di sostegno da circa venti anni presso la scuola media di primo grado, tiene corsi di comunicazione non verbale e linguaggio analogico. Operatrice in PNL e Ipnosi, Analogista specializzata presso l'A.I.D.A. Iscritta al corso di laurea Magistrale in Psicologia.

E' possibile contrattarla al suo indirizzo e-mail: antonellamerico@me.com

ISBN 978-1-326-57391-1

www.ingramcontent.com/pod-product-compliance
Lightning Source LLC
Chambersburg PA
CBHW060400290526
45791CB00002B/570